KB041352

철학이란 무엇인가

THE PROBLEMS
OF PHILOSOPHY

철학이란
무엇인가

| 원제 : 철학의 문제들 |

버트런드 러셀

황문수 옮김

문예출판사

THE PROBLEMS OF PHILOSOPHY

BERTRAND RUSSELL

서 문

이 책에서 나는 긍정적이고 건설적으로 말할 수 있다고 생각되는 철학의 문제들만을 다루었다. 오직 부정적이기만 한 비판은 적합하지 않다고 생각했기 때문이다. 이러한 이유로 이 책에서는 형이상학보다는 인식론이 큰 부분을 차지한다. 철학자들이 많이 논의해온 문제들은 다루더라도 아주 간략하게 다루었다.

나는 무어(G. E. Moore)와 케인스(J. M. Keynes)의 간행되지 않은 저술에서 귀한 도움을 받았다. 무어에게서는 물질적 대상과 감각소여의 관계에 대해서, 케인스에게서는 개연성과 귀납법에 대해서 도움을 받았다. 또한 머리(G. Murray) 교수의 비판과 시사에서 받은 도움 또한 매우 유익했음을 밝혀둔다.

1912년
버트런드 러셀

제17판에 붙이는 노트

52, 87, 155~156쪽의 논술에 대해,
이 책은 중국이 아직 제국(帝國)이었던 1912년 초에
쓰였고 그때의 전(前) 수상(首相)의 성은 B*로
시작되었다는 것을 말해두어야겠다.

1943년

---

* 1905~1908년 수상을 역임한 자유당의 헨리 켐벨-배너먼(Henry Campbell-Bannerman) 경을 말한다.

차 례

1
현상과 실재

    이치를 아는 사람이라면 누구나 의심할 수 없을 만큼 확실한 지식이 이 세상에 있는가? 이 물음은 얼핏 보기에는 어렵지 않은 듯하지만 사실은 모든 물음 중에서 가장 어려운 물음 가운데 하나다. 이 물음에 직접적이고 확신에 찬 대답을 하려고 하다가 마주치는 여러 가지 장애를 깨닫게 되면 우리는 제대로 철학 연구를 시작했다고 할 수 있을 것이다 ─ 철학은 이러한 궁극적인 물음에 대답하려고 하는 시도에 지나지 않기 때문이다. 그렇다고 해서 우리가 일상생활에서, 또는 과학에서조차도 그렇게 하는 것처럼 부주의하게 독단적으로 대답하려는 것은 아니다. 이러한 물음을 어렵게 만드는 모든 것을 조사하고 우리의 일상 관념에 잠재하는 온갖 애매성이나 혼란을 자각한 다음에 비판적으로 대답하려고 하는 것이다.

일상생활에서 우리는 많은 것들을 확실하다고 생각한다. 그러나 이러한 사실들도 자세히 검토해보면 명백한 모순으로 가득 차 있어서 정말로 믿어도 좋은 것이 무엇인가 하는 것은 잘 생각한 다음에야 비로소 알 수 있다. 확실성(確實性)의 탐구에 있어서 우리가 현재의 경험에서 출발하는 것은 당연한 일이며 어떤 의미에서 지식은 분명히 현재의 경험에서 이끌어내는 것이다. 그러나 직접적 경험에 의해 인식되는 것이 무엇인가 하는 데 대한 진술(陳述)은 대체로 잘못된 것이 될 가능성이 많다.

나는 지금 어떤 모양을 가진 책상을 마주하고 의자에 앉아 있으며 책상 위에는 글씨를 썼거나 인쇄한 몇 장의 종이가 놓여 있다. 머리를 돌리면 나는 창밖으로 건물과 구름과 해를 볼 수 있다. 태양은 지구에서 약 9천300만 마일쯤 떨어져 있고, 지구보다도 몇백 배 큰 열구(熱球)이며, 지구의 자전(自轉)에 따라 매일 아침 떠오르는데 이는 무한히 계속될 것이라 나는 믿는다. 그리고 정상적인 어떤 사람이 내 방에 들어온다면 그는 내가 보는 것과 똑같은 의자와 책상과 책과 종이를 볼 것이다. 또한 나는 내가 보고 있는 이 책상은 내 팔로 저항을 느끼고 있는 책상과 같은 책상이라고 믿고 있다. 이러한 모든 일은, 내가 무엇을 알고 있을까 의심하는 사람에 대한 대답이 아니라면, 거의 말할 필요도 없을 만큼 자명한 것 같다. 그러나 이러한 모든 일은 합리적으로 의심할 수 있는 것이고 또한 이러한 모든 것을 전적으로 올바른 형식으로 말했다고 확신하기 위해서는 상당히 조심스러운 논의가 필요하다.

우리의 난점을 분명히 하고자 책상에만 주의를 국한하기로 하자. 이 책상은 눈으로 보기에는 장방형이고 갈색이며 광택이 있고 만져보면 평평하고 차갑고 딱딱하다. 두드리면 소리가 난다. 이 책상을 보고 만져보고 그 소리를 들은 사람은 누구나 이러한 기술(記述)에 동의할 것이다. 따라서 이러한 난점도 제기되지 않는 것 같다.

그러나 더 정확하려고 하면 곧 문제가 생긴다. 나는 이 책상이 어느 부분이나 '정말로' 똑같은 색깔이라고 믿지만 빛을 반사하는 부분은 다른 부분보다 더 밝게 보이고 또한 어떤 부분은 반사광 때문에 희게 보인다. 내가 움직이면 빛을 반사하는 부분이 달라질 것이고, 따라서 책상 위 색깔의 외견상의 분포도 변할 것임을 나는 알고 있다. 그러므로 몇 사람이 동시에 이 책상을 보더라도 그중 단 두 사람도 정확하게 같은 색깔의 분포를 보지 못한다. 두 사람이 정확하게 같은 시점에서 책상을 볼 수는 없으며 시점이 조금이라도 변하면 빛이 반사하는 방식도 어느 정도 달라지기 때문이다.

실용적인 목적을 위해서는 대체로 이러한 차이는 중요하지 않지만 화가에게는 이러한 차이가 매우 중요하다. 화가는 어떤 사물이 상식적으로 '정말로' 갖고 있다고 생각되는 색깔을 갖고 있다고 생각하는 버릇에서 벗어나 나타나는 그대로 사물을 보는 습관을 길러야 한다. 여기서 우리는 이미 철학에서 가장 까다로운 문제를 일으키는 구분 가운데 하나에 부딪친다 — 곧 '현상(現象)'과 '실재(實在)', 다시 말하면 사물이 어떻게 보이는가 하는 것과 사물이 사실상은 무엇인가 하는 구분이다. 화가는 사물이 어떻게 보이는가를 알려고 하고 실제적인 사람이나 철학자는 사물이 사실상 무엇인가 하는 것을 알려고 한다. 그러나 이런 것을 알려는 철학자의 욕구는 실제적인 사람보다 강렬한 데다가 이러한 문제에 대한 대답은 어렵다는 것을 알기 때문에 더욱 어려움을 겪고 있다.

책상으로 되돌아가자. 지금까지 살펴온 것으로 보아 분명하거니와, 현저하게 책상의 색깔이라고 할 수 있는 색은 없으며 또한 책상의 어느 특정 부분의 색깔이라고 할 수 있는 색깔도 없다 — 시점이 달라지면 색깔도 달라지며 이 여러 가지 색깔 중에서 어느 색깔이 다른 색깔보다도 더 책상의 진짜 색깔이라고 보아야 할 이유는 없다. 또한 일정한 시점에서 보더라도 인공 광선 밑에서 보거나 색맹이나 파란 안경을 쓴 사람이 보는 경우에는 색깔이 다르게 보인다는 것을 우리는 알고 있다.

한편 어둠 속에서는 책상의 촉감이나 소리는 변하지 않아도 색깔은 전혀 없다. 이러한 색깔은 책상에 고유한 것이 아니라 책상과 보는 사람과 책상에 비치는 방식에 달려 있는 것이다. 일상생활에서 그 책상의 색깔이라고 말할 때 우리는 정상적인 관찰자가 보통의 광선 밑, 일상적인 시점에서 보게 될 색깔을 의미하는 데 지나지 않는다. 그러나 다른 조건 밑에서 나타나는 다른 색깔도 진짜 색깔이라고 생각될 동등한 권리를 갖는다. 그러므로 편견을 피하려면 우리는 책상 자체가 특정한 색깔을 갖는다는 것을 부정하지 않을 수 없다.

책상의 나뭇결도 마찬가지다. 육안으로 나뭇결을 본다면 매끄

럽고 평평하게 보일 것이다. 그러나 현미경으로 본다면 우리는 울퉁불퉁한 모양과 언덕과 골짜기 그리고 육안으로는 볼 수 없는 여러 가지 차이를 볼 수 있을 것이다. 그중 어떤 것이 '진짜' 책상인가? 현미경으로 본 것이 진짜에 더 가깝다고 말하기 쉽지만 그것도 더욱 강렬한 현미경을 사용하면 달라질 것이다. 그런데 육안으로 본 것을 믿을 수 없다면 왜 현미경으로 본 것은 믿어야 하는가? 따라서 우리가 출발점으로 삼은 감관(感官)에 대한 신뢰는 다시금 무너진다.

책상의 **모양**이라고 해서 형편이 더 낫지는 않다. 우리는 모두 사물의 '실재(實在)의' 모양에 대해 판단하는 습관을 갖고 있으며, 게다가 아무런 반성 없이 판단하므로 정말로 실재의 모양을 보았다고 생각하게 된다. 그러나 사실은 그림을 그리려고 하면 누구나 알게 되는 일이지만 같은 사물이라도 시점이 달라짐에 따라 그 모양도 다르게 보인다. 이 책상은 '사실상' 사각형이라 하더라도 거의 모든 시점에서 마치 두 개의 예각(銳角)과 두 개의 둔각(鈍角)을 가진 것처럼 보인다. 대변(對邊)은 평행이더라도 관찰자에게는 멀리 있는, 한 점에서 마주치는 것처럼 보인다. 대변이 같은 길이인데도 가까이 있는 변이 더 긴 것처럼 보인다. 이러한 모든 일은 책상을 보면서 보통은 주목하지 않는 것이다. 우리는 경험을 통해서 외견상의 모양에서 '실재의' 모양을 구성하는 것을 배웠고 우리가 실제적인 사람으로서 관심을 갖는 것은 이러한 '실재의' 모양이기 때문이다. 그러나 우리가 보는 것은 '실재의' 모양은 아니다. 그것은 우리가 본 것에서 추리(推理)된 것이다. 그리고 우리가 보는 것은 우리가 방 안을 돌아다님에 따라 끊임없이 모양이 변한다. 그러므로 여기서도 감각은 책상 그 자체에 대한 진리가 아니라 책상의 현상에 대한 진리만을 제시하는 것 같다.

촉각을 고려할 때도 동일한 난점이 제기된다. 분명히 책상은 언제나 딱딱하다는 감각을 주고 우리는 책상이 압력에 저항한다고 느낀다. 그러나 우리가 받는 감각은 우리가 얼마나 강하게 책상을 누르는가에 달려 있고 또한 신체의 어떤 부분으로 누르는가에 달려 있다. 따라서 압력이 다르고 신체의 부분이 다르면 달라지는 감각은 책상의 특정한 성질을 **직접** 드러낸다고 생각할 수는 없으며, 기껏해야 아마도 모든 감각을 **일으키기**는 하지만 그 어느 것에도 실제로 분명하게 나타나지는 않는 어떤 성질의 **기호**(記號)일 것이다. 책상을 두드릴 때 나는 소리에 대해서 더욱 분명하게 같은 말을 할 수 있다.

따라서 실재하는 책상은, 만일 그런 것이 있다면, 우리가 시각이나 촉각이나 청각에 의해 직접 경험하는 것과 같지 않다는 것은 분명하다. 실재하는 책상은, 만일 있다고 하더라도 **직접** 인식되는 것이 아니라 직접 인식되는 것으로부터 추리되는 것이다. 여기서 곧 다음과 같은 두 가지 매우 어려운 문제가 제기된다. 곧 (1) 도대체 실재하는 책상은 있는가? (2) 만일 있다고 한다면 그것은 어떠한 종류의 대상일 수 있는가?

이러한 문제를 고려한다면 그 의미가 분명하고 명료한 몇 개의

14

단순한 용어를 사용하는 것이 도움이 될 것이다. 감관에 있어서 직접 알려지는 것, 예컨대 색깔, 소리, 냄새, 딱딱함, 울퉁불퉁함 등을 '감각소여(感覺所與, sense-data)'라고 부르기로 한다. 이러한 것을 직접 지각(知覺)하는 경험을 '감각(感覺, sensation)'이라고 부르기로 한다.

이렇게 하면 우리는 색깔을 볼 때마다 그 색깔의 감각을 갖게 되지만 색깔 자체는 감각소여이고 감각은 아니다. 색깔은 그것에 **대해** 우리가 직접 자각하는 것이고 지각 자체는 감각이다. 우리가 책상에 대해 뭔가 알 수 있다면 그것은 책상과 관련되는 감각소여 — 갈색, 장방형, 평평함 등 — 에 의존해야 한다는 것은 분명하다. 그러나 지금까지 말한 것을 바탕으로 해서 책상이 감각소여라고 하거나 또는 감각소여가 직접적으로 책상의 성질이라고 말할 수는 없다. 따라서 감각소여와, 만일 그런 것이 있다고 한다면, 실재하는 책상과의 관계가 문제로 대두된다.

만일 그것이 존재한다면 실재하는 책상을 '물질적 대상(physical object)'이라고 부르자. 따라서 우리는 감각소여와 물질적 대상의 관계를 고찰하지 않을 수 없다. 모든 물질적 대상을 아울러서 '물질(物質, matter)'이라고 부른다. 이렇게 해서 우리는 앞에 나온 두 문제를 다음과 같이 고쳐서 말할 수 있다. (1) 물질이라는 것은 존재하는가? (2) 만일 존재한다면 그 본성(本性)은 무엇인가?

우리의 감각의 직접적 대상이 우리들로부터 독립해서 존재한다고 볼 수 없는 이유를 처음으로 분명하게 주장한 철학자는 버클리

(G. Berkeley, 1685~1753) 주교(主敎)였다. 그의 저서 《회의론자와 무신론자에 반대하여 하일라스와 필로누스 사이에 교환된 세 가지 대화(Three Dialogues between Hylas and Philonous, in Opposition to Sceptics and Atheists)》는 물질은 존재하지 않으며 세계는 정신과 그 관념으로 이루어졌다는 것을 증명하려고 했다.

하일라스는 지금까지 물질의 존재를 믿어왔으나 필로누스의 적수는 아니었다. 필로누스는 무자비하게 하일라스를 모순과 역설로 몰고 가서 마침내 하일라스로 하여금 물질을 부정하는 것이 거의 상식에 속한다고 생각하게 한다. 여기서 사용된 논의는 여러 가지 가치를 갖는다. 곧 어떤 것은 중요하고 건전하지만, 어떤 것은 혼란스럽거나 억지 이론에 불과한 것도 있다. 그러나 물질의 존재는 불합리를 범하지 않고 부정될 수 있으며, 우리로부터 독립해서 존재하는 것이 있다 하더라도 그것은 우리의 감각의 직접적 대상은 될 수 없다는 점을 보여준 것은 버클리의 공적이다.

물질이 존재하는가 하고 물을 때 여기에는 두 가지 어려운 문제가 포함되며 이 두 문제를 분명히 구별하는 것이 중요하다. 우리는 흔히 '물질'이라는 말로 '정신'과 대립되는 어떤 것, 공간을 차지하고 어떠한 종류의 사고와 의식도 전혀 갖지 못한다고 생각되는 어떤 것을 나타낸다. 버클리도 주로 이러한 의미에서 물질을 부정한다. 다시 말하면 그는 보통 책상이 존재한다는 기호로 생각되는 감각소여가 사실은 우리가 독립해서 존재하는 **어떤 것**의 존재의 기호임을 부정하는 것이 아니라, 이러한 어떤 것은 비정신적인 것,

곧 정신이나 정신에 의해 받아들여진 관념이 아니라고 하는 것을 부정한다.

우리가 방 밖으로 나가거나 눈을 감아도 계속 존재하는 어떤 것이 있어야 한다는 것, 그리고 우리가 책상이 보인다고 할 때 이는 사실상 우리가 그것을 보지 않을 때에도 존속하는 어떤 것이 있다고 믿을 만한 근거가 있다는 것을 그는 인정한다. 그러나 그는 이 어떤 것이 본성상 우리가 보는 것과 전혀 다를 수는 없다고 생각하며, 또한 그것이 **우리가** 보는 것과 독립해 있다 할지라도 전적으로 우리가 본다는 것과 독립될 수는 없다고 생각한다. 따라서 그는 '실재하는' 책상을 신의 정신 속에 있는 관념으로 보게 되었다. 이러한 관념은 요구되는 항구성(恒久性)과 우리들로부터의 독립성을 가지며, 이러한 관념은 매개 없이 직접 지각될 수는 없지만 추리될 수만은 있다는 의미에서 전적으로 불가지적(不可知的)인 것은 아니다―물질은 그렇지 않지만.

버클리 이후의 다른 철학자들도 책상의 존재가 우리가 본다는 데 의존하지는 않는다 하더라도 어떤 정신이 본다(또는 감각에 감지된다)는 데 의존한다고 생각했다―물론 어떤 정신은 반드시 신의 정신일 필요는 없으며 오히려 우주의 공동 정신인 경우가 많았지만, 그들은 버클리와 마찬가지로 정신 및 그 사고와 감정 이외에는 실재하는 것―또는 어쨌든 실재하는 것으로 알려지는 것―은 없다고 생각하기 때문에 이렇게 주장하는 것이다. 이러한 견해를 지탱해주는 논의를 다음과 같이 말할 수 있을 것이다. "사고할 수 있는 것은 무엇이든지 그것을 사고하는 사람의 정신 속에 있는 관념이다. 그러므로 정신 속에 있는 관념 이외에는 아무것도 사고될 수 없다. 그러므로 이 관념 이외의 다른 것은 생각할 수 없고 생각할 수 없는 것은 존재할 수 없다."

이러한 논의는 내 의견으로는 잘못이다. 물론 이러한 논의를 펴는 사람들이 이렇게 간단하고 조잡하게 주장하지는 않는다. 그러나 이러한 논법은, 타당하든 그렇지 않든 여러 가지 형태로 아주 광범하게 전개되어 왔으며 아주 많은 철학자들, 아마도 대다수 철학자들이 정신과 그 관념을 제외하고는 실재적인 것은 있을 수 없다고 주장해왔다. 이러한 철학자들을 '관념론자'라고 부른다. 그들은 물질을 설명할 때 버클리처럼 물질이 사실은 관념의 집합에 지나지 않는다고 말하거나, 라이프니츠(G. W. Leibniz, 1646~1716)처럼 물질로 보이는 것은 사실은 다소간 미발달 상태인 정신의 집합이라고 말한다.

그러나 이러한 철학자들은 정신에 대립되는 물질을 부정하지만, 그럼에도 어떤 의미에서는 물질을 인정한다. 앞에서 우리는 두 가지 물음, 곧 (1) 실재하는 책상은 있는가, (2) 만일 있다면 그것은 어떤 종류의 대상일 수 있는가 하는 물음을 제기한 바 있음을 상기하기 바란다. 버클리도 라이프니츠도 실재하는 책상이 있다고 인정하지만, 버클리는 그것을 신(神)의 정신 속에 있는 어떤 관념이라고 말하고 라이프니츠는 영혼의 집단이라고 말한다.

이와 같이 두 철학자는 우리의 첫 번째 물음에 긍정적으로 대답하지만 두 번째 물음에 대한 대답에서는 보통 사람의 견해와 다르다는 점이 드러난다. 사실상 거의 모든 철학자들이 실재하는 책상이 있다는 데 동의하는 것 같다. 그들은 거의 모두 다음과 같은 점에 동의한다. 곧 아무리 우리의 감각소여 — 색깔, 모양, 평평함 등 — 가 우리에게 의존한다 하더라도 이러한 감각소여가 생긴다는 것은 우리로부터 독립해서 존재하는 어떤 것, 곧 아마도 우리의 감각소여와는 완전히 다르면서도 우리가 실재하는 책상과 적절한 관계가 있으며 언제나 이러한 감각소여를 일으킨다고 생각되는 어떤 것의 기호임을 보여준다는 것이다.

그런데 철학자들이 일치하는 이 점 — 그 본성이야 어떻든 실재하는 책상이 있다는 견해 — 은 분명히 참으로 중요하며, 따라서 실재하는 책상의 본성에 대한 다음 문제로 옮겨가기 전에 이러한 견해를 받아들이는 이유를 고찰해보는 것은 무익하지 않을 것이다. 그러므로 다음 장은 실재하는 책상이 있다고 생각하는 이유를 고찰하게 될 것이다.

그러나 앞으로 나가기 전에 잠시 지금까지 밝혀진 것이 무엇인지를 정리해보는 것이 좋으리라. 감관(感官)에 의해 알려진다고 생각되는 보통의 대상을 본다면 감관이 **직접적으로** 알려주는 것은 우리들로부터 분리되어 있는 대상에 대한 진리가 아니라, 우리가 볼 수 있는 한에 있어서는 우리와 대상의 관계에 의존하는 어떤 감각소여에 대한 진리뿐인 것 같다. 그러므로 우리가 직접 보고 느끼는 것은 '현상'에 지나지 않으며, 이 현상을 우리는 배후에 있는 어떤 실재의 기호라고 믿는다. 그러나 실재가 현상으로 나타나 있는 것과 같지 않다면 우리는 실재가 있는지 없는지를 아는 수단을 갖고 있는가? 만일 갖고 있다면 실재가 어떠한가를 찾아내는 수단을 갖고 있는가?

이 물음은 갈피를 잡기 어려우며 또한 아무리 기묘한 가설이라도 그것이 잘못임을 알아내기는 어렵다. 따라서 지금까지 우리의 사고의 대상이 된 적이 한 번도 없을 만큼 친숙했던 책상이 놀라운 가능성으로 가득 찬 문제로 변하는 것이다. 우리가 지금 책상에 대해 알고 있는 것은 책상이 보이는 바와는 다르다는 것뿐이다. 지금으로서는 이 온당한 결론을 넘어서면 우리는 무엇이든 추측할 수 있는 자유를 갖는다. 라이프니츠는 책상이 영혼의 집합체라고 말하고, 버클리는 신의 정신 속에 있는 관념이라고 말하고, 냉정한, 그러면서도 그만큼 놀라운 과학은 격렬한 운동을 하는 하전체(荷電體)의 방대한 집적(集積)이라고 말한다.

이처럼 놀라운 가능성들 속에는 어쩌면 책상 따위는 전혀 존재하지 않을지도 모른다는 의심도 들어 있다. 철학에는 우리가 바라고 있는 많은 문제에 **대답**할 힘은 없다 하더라도, 적어도 세상 사람들의 관심을 증진시키고 일상생활의 가장 평범한 일도 그 표피(表皮) 밑에는 기이함과 불가사의가 가로놓여 있음을 보여주는 문제를 '물을' 수 있는 힘은 있다.

2
물질의 존재

이 장에서는 어떠한 의미에서든 물질이라는 것이 존재하는가 하는 것을 문제 삼기로 한다. 어떤 고유한 성질을 갖고 내가 바라보지 않을 때에도 존재하는 책상이 있는가, 또는 책상은 단지 나의 상상의 산물, 곧 길고 긴 꿈속에서 보는 환상의 책상에 지나지 않는가? 이러한 물음은 가장 중요하다. 대상의 독립된 존재를 확신할 수 없다면 다른 사람의 신체의 독립된 존재도 확신할 수 없고 더구나 다른 사람의 정신의 독립된 존재까지 믿을 수 없기 때문이다. 그들의 신체를 관찰함으로써 이끌어내는 것 말고는 그들의 정신의 존재를 믿게 하는 근거는 없는 것이다. 이처럼 독립된 대상의 존재를 확신할 수 없다면 우리는 황야에 홀로 남게 될 것이다─외부 세계 전체가 한갓 꿈이고 우리는 홀로 존재하게 될 것이다. 이것은 불유쾌한 가능성이다. 그러나 이것이 거짓임을 **엄밀하게** 증명할 수도 없지만 또한 진리라고 생각할 이유도 전혀 없다. 이번 장에서는 왜 이러한가를 검토하기로 한다.

이 의심스러운 문제에 착수하기 전에 다소나마 확실한 출발점을 찾아보기로 하자. 우리는 책상의 물질적 존재를 의심하고 있지만 책상이 있었다고 생각하는 한, 감각소여의 존재를 의심하지는 않는다. 우리가 보고 있는 동안에는 어떤 색깔과 모양이 우리에게 나타나고 우리가 누르고 있는 동안에는 딱딱하다는 감각을 경험한다는 것을 의심하지는 않는다. 이러한 모든 일은 심리학적인 것이고 우리는 이것을 의심하지는 않는다. 사실상 그 밖의 모든 것은 의심스럽더라도, 적어도 우리의 직접 경험의 일부는 절대적으로 확실한 것 같다.

근대 철학의 창시자인 데카르트(R. Descartes, 1596~1650)는 오늘날에도 유익하게 이용될 만한 방법 — 체계적 회의(懷疑)의 방법 — 을 고안해냈다. 그는 아주 명석하고 판명하게 참되다는 것을 알 수 없는 한 아무것도 믿지 않겠다고 결심했다. 그는 의심하지 않아도 될 이유가 밝혀질 때까지 의심할 수 있는 것은 무엇이든지 의심하려고 했다. 이 방법을 적용함으로써 그는 전적으로 확신할 수 있는 존재는 오직 자기 자신뿐임을 차츰 확신하게 되었다. 그는 실재하지 않는 것을 언제나 환영으로 감관에 제시하여 기만하는 악마가 있을지도 모른다고 상상했다. 이러한 악마가 존재한다는 것은 있음 직하지 않은 일이지만 그 가능성은 있으며 따라서 감관에 의해 지각된 사물에 대한 의심이 가능했던 것이다.

그러나 자기 자신의 존재에 대한 의심은 불가능했다. 만일 그가 존재하지 않는다면 어떠한 악마라도 그를 속일 수는 없을 것이기 때문이다. 그가 의심하고 있다면 (의심하는) 그는 존재하지 않으면 안 된다. 그가 어떤 경험을 한다면 그는 존재하지 않을 수 없는 것이다. 이와 같이 자기 자신의 존재는 그에게는 절대적인 확실성이었다. "나는 생각한다, 그러므로 나는 존재한다(Cogito, ergo sum)"고 그는 말했다. 이러한 확실성을 기초로 그는 그의 회의가 파괴한 지식의 세계를 재건하기 시작했다. 회의적 방법을 찾아내고 또한 주관적인 것이 가장 확실함을 보여줌으로써 데카르트는 철학에 커다란 기여를 했고 이러한 기여는 아직도 모든 철학도에게 유용하다.

그러나 데카르트의 논법을 이용하려면 약간의 주의가 필요하다. "**나**는 생각한다, 그러므로 **나**는 존재한다"는 엄밀한 확실성 이상을 말하고 있다. 우리는 오늘의 나는 어제의 나와 동일하다고 생각하는 것 같은데 이것은 물론 어떤 의미에서는 참이다. 그러나 실재하는 **자아**에 도달하는 것은 실재하는 책상에 도달하는 것과 마찬가지로 어려우며 특수한 경험에 속하는 절대적이고 설득적(說得的)인 확실성은 갖지 못한 것 같다. 내가 책상을 바라보고 갈색을 보았을 때 당장 확실한 것은 '내가 갈색을 보고 있다'는 것이 아니라 오히려 '갈색이 보인다'는 것이다. 물론 여기에는 갈색을 보고 있는 어떤 것(또는 어떤 사람)이 포함되어 있다. 그렇다고 해서 '자아'라고 부르는 다소간에 연속적인 인간이 서설로 여기에 포함되는 것은 아니다. 직접적 확실성에 관한 한, 갈색을 보는 어떤 것은 전적으로 순간적인 것이고 다음 순간에 다른 경험을 하는 어떤 것과는 동일하지 않을지도 모른다.

이와 같이 근원적 확실성을 갖는 것은 우리의 특수한 사고와 감정이다. 그리고 이 말은 정상적인 지각과 마찬가지로 꿈이나 환각(幻覺)에도 적용된다. 우리는 꿈을 꾸거나 유령을 볼 때 우리가 갖고 있다고 생각하는 감각을 분명히 갖지만 여러 가지 이유로 이러한 감각에 대응하는 물질적 대상은 없다고 생각한다. 따라서 자기 자신의 경험에 대한 지식의 확실성에 대해서는 어떠한 예외도 인정할 필요가 없다. 그러므로 여기서 우리는 어쨌든 우리의 지식 탐구의 출발점이 될 견고한 기초를 갖게 된다.

우리가 고려해야 할 문제는 다음과 같다. 자기 자신의 감각소여가 확실하다고 하더라도 그것을 물질적 대상이라고 부를 수 있는 어떤 다른 것의 존재의 기호라고 볼 이유가 있는가? 우리가 당연히 책상과 결부된다고 보는 모든 감각소여를 하나하나 들어서 말하면 책상에 대해서 말해야 할 것을 모두 말한 것인가, 또는 그 밖의 어떤 것 —감각소여가 아니라 우리가 방 밖으로 나갔을 때에도 지속되는 어떤 것— 이 아직도 남아 있는가? 상식은 서슴지 않고 남아 있다고 대답한다. 팔고 사고, 밀고 다니고, 책상보를 씌울 수 있는 것은 감각소여의 **단순한** 집합일 수는 없다. 책상보가 책상을 완전히 덮어버렸다면 우리는 책상으로부터 감각소여를 얻을 수 없다. 그러므로 만일 책상이 감각소여에 지나지 않는다면 책상은 존재하지 않게 될 것이고 책상보는 원래 책상이 있었던 곳의 공중에 기적적으로 남아 있게 될 것이다. 이것은 분명히 불합리한 것 같다. 그러나 철학자가 되려고 하는 사람은 불합리에 놀라지 않는 마음가짐을 배워야 한다.

감각소여에 덧붙여 물질적 대상도 확보해야 한다고 느끼는 커다란 이유는 다른 사람에 대해서도 대상이 **동일**하기를 바라기 때문이다. 열 사람이 식탁에 둘러앉아 있을 때 그들이 동일한 식탁보, 동일한 나이프와 포크와 스푼과 컵을 보지 못한다고 주장하는 것은 터무니없는 말인 것 같다. 그러나 감각소여는 각 개인에게 개별적으로 나타난다. 즉 한 사람의 시각에 직접 나타난 것이 다른 사람의 시각에도 직접 나타나지는 않는다. 그들은 모두 조금씩 다른 시점에서 사물을 보고 있고 따라서 사물은 조금씩 다르게 보인다. 그러므로 많은 다른 사람에게 인식되는 공통된 중립적 대상이 있다면 그것은 다양한 사람들에게 나타나는 개인적이고 특수한 감각소여를 초월한 어떤 것이 아니면 안 된다. 그러면 이러한 공통된 중립적 대상이 존재한다고 믿어야 할 이유는 무엇인가?

당연한 일이지만 첫 번째로 떠오르는 대답은 다음과 같다. 여러 사람들이 책상을 조금씩 다르게 보기는 하지만 그들이 책상을 볼 때에는 역시 다소간에 같은 것을 보게 되며, 차이를 갖고 보게 되는 것은 원근법과 빛의 반사법칙 때문이다. 그러므로 여러 사람들의 온갖 감각소여의 기초에 놓인 불변의 대상에 도달하는 것은 쉬운 일 이다. 나는 이 책상을 이 방의 전 주인에게서 샀지만 **그의** 감각소여를 살 수는 없었다. 그가 떠났을 때 그의 감각소여도 사라진 것이다. 그러나 다소나마 비슷한 감각소여를 가지게 될 것이라는 확신할 만한 기대감을 살 수 있었고 또한 샀다. 따라서 여러 사람들이 비슷한 감각소여를 가지며 특정한 장소에 있는 사람은 시간이 다르더라도 비슷한 감각소여를 갖는다는 것은 사실이며, 이러한 사실은 감각소여를 초월하여 불변의 공통된 대상이 있고 이러한 대상이 그때그때 여러 사람들의 감각소여의 기초에 놓여 있거나 감각소여를 일으킨다고 가정하게 한다.

그런데 이상과 같은 고찰은 우리 이외에도 다른 사람이 있다는 가정에 의존하고 있는 한 미해결인 문제를 전제하고 있다. 다른 사람들은 그들을 보거나 그들의 목소리를 듣거나 하는 것처럼 어떤 감각소여에 의해 우리에게 지각(知覺)된다. 따라서 나의 감각소여로부터 독립된 물질적 대상이 있다고 믿을 이유가 없다면 내 꿈의 일부가 아닌 것으로서 다른 사람들이 존재한다고 믿을 이유도 없을 것이다. 그러므로 우리 자신의 감각소여로부터 독립된 대상이 있어야 한다고 증명하려고 하는 경우, 우리는 다른 사람의 증언에 호소할 수는 없다. 이 증언 자체가 감각소여로 이루어져 있고, 또한 우리 자신의 감각소여가 우리로부터 독립해서 존재하는 사물의 기호가 아닌 한, 이 증언은 다른 사람의 경험을 드러내는 것은 아니기 때문이다. 그러므로 우리는, 만일 가능하다면, 세계에 우리 자신과 우리의 개인적 경험 이외에도 사물이 존재함으로 보여주거나 보여주는데 도움이 되는 특성을 우리 자신의 순수하게 개인적인 경험에서 발견해야 한다.

어떤 의미에서는 우리는 우리 자신과 우리의 경험 이외의 것은 **증명**할 수 없다는 것을 인정하지 않으면 안 된다. 세계는 나 자신과 나의 사고, 감정 및 감각으로 성립되며 그 밖의 모든 것은 환상에 지나지 않는다고 가정하더라도 여기에는 논리적 불합리는 없다. 꿈 속에서는 매우 복잡한 세계가 현존하는 것 같지만 깨어나자마자 환상이었음을 알게 된다. 다시 말하면 꿈속의 감각소여는 물질적 대상 — 이것은 우리의 감각소여로부터 자연히 추리된다 — 과 대응되지 않는 것 같다(물질적 세계를 가정할 때 꿈속 감각소여의 물질적 원인을 찾아낼 수 있다는 것은 사실이다. 예컨대 문이 덜컥거리는 소리는 해상 전투 꿈을 꾸게 할 수도 있다. 그러나 이 경우 감각소여의 물질적 **원인**은 있더라도 현실의 해상 전투가 대응하는 것 같은 방식으로 **대응하는** 물질적 대상은 없다). 삶 전체가 꿈이고 이 꿈속에서 우리 자신이 눈앞에 나타나는 모든 대상을 창조한다는 가정은 논리적으로 불가능하지는 않다. 그러나 논리적으로 불가능하지는 않더라도 이것이 진리라고 생각해야 할 이유도 전혀 없다. 그리고 이러한 가정은 우리의 생활상의 사실을 설명하는 수단이라는 점에서 본다면 우리와 독립된 대상이 실재하고 이러한 대상이 우리에게 작용하여 감각을 일으킨다고 하는 상식적 가정보다 사실상 단순하지 못하다.

물질적 대상이 실재한다고 가정하면 사태가 단순해지는 까닭은 쉽게 알 수 있다. 고양이가 어떤 순간에 방의 한 부분에 나타나고 어떤 순간에는 다른 부분에 나타나면 이 고양이가 일련의 중간 지점을 지나서 한 곳에서 다른 곳으로 이동했다고 생각하는 것은 당연하다. 그러나 이 고양이가 일련의 감각소여에 지나지 않는다면 내가 보지 않았던 장소에 있었을 리가 없다. 그러므로 우리는, 이 고양이는 내가 보지 않는 동안에는 전혀 존재하지 않았으나 홀연히 새로운 장소에 존재하게 되었다고 생각해야만 한다.

만일 내가 보고 있는가 보고 있지 않은가에 상관없이 이 고양이가 존재한다면 우리의 경험에 비추어서 한 번 식사를 하고 다음번 식사를 할 때까지 이 고양이가 얼마나 배가 고픈가를 이해할 수 있다. 그러나 내가 보지 않을 때에는 존재하지 않는다면 존재하고 있을 때와 마찬가지 속도로 존재하지 않을 때에도 식욕이 증대한다고 생각하는 것은 기묘하다. 또한 이 고양이가 감각소여에 지나지 않는다면 이 고양이가 **배고파한다**는 것은 있을 수 없다. 나 자신의 배고픔 이외의 배고픔은 나에게 감각소여가 될 수 없기 때문이다. 이와 같이 나에게 고양이를 나타나게 하는 감각소여의 행동을 배고픔의 표현이라고 보면 아주 자연스럽지만 반점(斑點)의 이동과 변화라고 보면 전혀 설명할 길이 없다. 삼각형이 축구를 할 수 없는 것처럼 반점이 공복을 느낄 수는 없는 것이다.

그러나 고양이의 경우의 난점은 인간의 경우의 난점과 비교하면 아무것도 아니다. 사람이 말을 할 때—곧 우리가 관념과 결합하는 어떤 소리를 듣고 동시에 입술의 움직임과 얼굴의 표정을 볼 때—곧 우리가 듣는 소리가 사상의 표현이 아니라고 생각하기는 무척 어렵다. 우리는 자기 자신이 그런 소리를 낼 때 그것은 사상의 표현임을 알기 때문이다. 물론 꿈속에서도 같은 일이 일어난다. 꿈

속에서 우리는 다른 사람의 존재에 대해 착각을 일으키는 것이다. 그러나 꿈은 정도의 차이는 있지만 깨어 있을 때의 생활에 의해 암시되는 것이고, 물질적 대상이 실재한다고 가정하면 과학적 원리를 바탕으로 다소간에 설명될 수 있다. 따라서 단순성을 추구하는 모든 원리는 우리 자신과 우리의 감각소여 외에도 우리의 지각에 의존하지 않고 존재하는 대상이 실재한다는 자연스러운 견해를 갖도록 요구한다.

물론 우리는 원래 논증에 의해서 독립된 외부 세계를 믿는 것은 아니다. 우리는 반성하기 시작하자마자 이러한 신념이 이미 우리의 마음속에 있다는 것을 알게 된다. 이것이 이른바 **본능적** 신념이다. 어쨌든 시각의 경우에는 마치 감각소여 자체가 독립된 대상처럼 본능적으로 믿어지지만 논증에 있어서는 이 대상이 감각소여와 동일할 수 없다는 사실만 없었더라면 우리는 이러한 신념을 결코 의심하지 않았을 것이다. 그러나 이러한 사실의 발견 — 이러한 발견은 맛이나 냄새나 소리의 경우에는 전혀 역설적이지 않고 오직 촉각의 경우에만 약간 역설적이다 — 은 우리의 감각소여에 **대응하는** 대상이 **존재한다**는 본능적 신념을 감소시키지는 않는다. 본능적 신념은 어떠한 난점도 일으키지 않고 반대로 우리의 경험에 대한 설명을 단순화하고 체계화하는 데 도움이 되므로 이 신념을 배척할 충분한 이유는 없는 것 같다. 그러므로 우리는 — 비록 꿈의 경우를 생각하면 약간의 의심이 남지만 — 외부 세계는 실새하며 그 존재는 우리의 계속적인 지각에 전적으로 의존하지 않는다는 것을 인정해도 좋을 것이다.

우리를 이러한 결론으로 이끌어온 논증은 물론 우리가 소망한 만큼 강력하지는 못하다. 그러나 이것은 많은 철학적 논증 중 대표적인 것이므로 그 일반적 성격과 타당성을 간단하게 고찰해볼 가치가 있다. 우리는 모든 지식이 우리의 본능적 신념을 기초로 성립되며 이 신념이 부정되면 아무것도 남지 않는다는 것을 알고 있다. 그러나 우리의 본능적 신념 중에서 어떤 것은 다른 것보다 훨씬 강력하고 또한 대부분의 신념은 습관과 연상에 의해 다른 신념 ─ 이것은 사실은 본능적 신념이 아니지만 본능적으로 믿고 있는 것의 일부라고 잘못 생각하고 있다 ─ 과 엉클어져 있다.

철학은 가장 강렬한 신념을 비롯하여 그 각각을 가능한 한 개별적으로, 또한 가능한 한 타당하지 않은 부가물(附加物)을 제거하고 제시함으로써 우리의 본능적 신념의 위계(位階) 조직을 명시해야 한다. 또한 최종적인 형태에 있어서는 우리의 본능적 신념이 충돌하지 않고 조화로운 체계를 형성하도록 노력해야 한다. 한 본능적 신념이 다른 본능적 신념과 충돌하지 않는 한 본능적 신념을 배척할 이유는 전혀 없다. 따라서 본능적 신념들이 서로 조화를 이룬다면 그 체계 전체를 받아들일 만하다.

물론 우리의 신념의 전부, 또는 그 일부가 잘못일 경우는 **가능**하고 따라서 모든 신념은 적어도 어느 정도는 의심의 여지를 갖고 주장되어야 한다. 그러나 우리는 다른 신념을 근거로 하지 않는 한, 한 신념을 부정할 **이유**를 가질 수 없다. 그러므로 우리의 본능적 신념과 그 결과를 조직함으로써, 또한 이러한 신념 중에서 꼭 필요한 경우에는 어느 것을 수정하거나 포기할 수 있는가를 고찰함으로써 우리는 본능적으로 믿는 것을 유일한 여건으로 받아들인다는 것을 기반으로 해서 지식의 정연한 체계적 조직에 도달할 수 있다. 이러한 조직에도 오류의 **가능성**은 남아 있지만 각 부분을 내적(內的)으로 연관시키고 승인에 앞서 비판적으로 음미함으로써 이러한 가능성은 감소된다.

적어도 철학은 이러한 기능을 수행할 수 있다. 많은 철학자들은 옳든 옳지 않든 간에, 철학이 이 이상의 기능을 가질 수 있다고 믿는다―다시 말하면 철학은 우주 전체와 궁극적 실재의 본성에 대해 다른 방식으로는 획득할 수 없는 지식을 줄 수 있다는 것이다. 이 견해가 옳든 옳지 않든 지금 말한 매우 겸손한 기능은 확실히 철학이 수행할 수 있는 것이며, 상식의 타당성을 의심하기 시작한 사람들에게는 이 기능만으로도 철학적 문제의 해결에 필요한 집요하고 곤란한 노력을 정당화하기에 충분하다.

3
물질의 본성

　앞 장에서 우리는, 비록 논증적인 이유는 찾아내지 못했지만, 우리의 감각소여—예컨대 내 책상과 결부된 것으로 보이는 감각소여—는 사실은 우리와 우리의 지각으로부터 독립된 어떤 것의 존재의 기호라고 믿는 것이 합리적이라는 견해에 도달했다. 다시 말하면 나는 책상을 나타나게 하는 색깔, 딱딱함, 소리 등과 같은 감각을 초월해 그 밖의 어떤 것이 존재하며, 이 어떤 것에 **대해서는** 색깔 등 감각은 현상에 지나지 않는다고 가정한 바 있다.

　내 눈을 감으면 색깔은 존재하지 않게 되고, 내 팔을 책상에서 떼면 딱딱하다는 감각은 존재하지 않게 되며, 내 손가락으로 책상을 두드리지 않으면 소리는 존재하지 않게 된다. 그러나 나는 이러한 모든 것이 사라진다고 해서 책상이 존재하지 않게 되었다고 믿지는 않는다. 반대로 나는 책상이 계속해서 존재하기 때문에 내가 눈을 뜨고 내 팔을 다시 책상 위에 놓고 내 손가락으로 다시 두드리기 시작하면 이러한 모든 감각소여가 다시 나타날 것이라고 믿는다. 이 장에서 고찰할 문제는 다음과 같다. 곧 나의 자각으로부터 독립하여 지속하는, 이 실재적인 책상의 본성은 무엇인가?

이 질문에 대해서는 자연과학이 한 가지 대답을 제시한다. 이 대답은 분명히 약간 불완전하고 부분적으로는 매우 가설적이지만 그것이 한 가지 대답인 한에서는 주목을 받을 만하다. 자연과학은 다소간 무의식적으로 모든 자연현상은 운동으로 환원되어야 한다는 견해에 빠져 있다. 빛이나 열이나 소리는 모두 그것을 발생시키는 물체로부터 빛을 보거나 열을 느끼거나 소리를 듣는 사람에게 전달되는 파동(波動)에 원인이 있다는 것이다. 이러한 파동을 갖는 것은 에테르나 '농밀한 물질'이지만 어느 경우에나 철학자가 물질이라고 부르는 것이다. 과학이 여기에 귀속시키는 성질은 공간 속에서의 위치와 운동 법칙에 따르는 운동력뿐이다. 과학은 이것이 다른 성질을 **가졌을지도 모른다**는 점을 부정하지는 않는다. 만일 갖고 있다 하더라도 이러한 다른 성질은 과학자에게는 쓸모가 없고 현상을 설명하는 데도 아무런 도움이 되지 않는다는 것이다.

때때로 '빛은 파동의 한 형태**다**'라고 말하지만 이 말은 오해를 일으키기 쉽다. 우리가 직접 보고 감관에 의해 직접 아는 빛은 파동의 한 형태가 **아니라** 전혀 다른 어떤 것 — 시각장애인이 아니라면 우리 모두가 알 수 있지만 시각장애인에게 알아듣도록 기술(記述)할 수는 없는 어떤 것 — 이기 때문이다. 반대로 파동은 시각장애인에게도 충분히 설명할 수 있다. 시각장애인도 촉각에 의해 공간에 대한 지식을 얻을 수 있고 항해(航海)를 통해 거의 우리와 마찬가지로 파동을 경험할 수 있기 때문이다. 그러나 시각장애인이 이해할 수 있는 이것은 우리가 **빛**이라고 말하는 것은 아니다. 우리가 **빛**이라고 말하는 것은 시각장애인은 결코 이해할 수 없고 우리는 시각장애인에게 결코 설명할 수 없는 것이다.

그런데 시각장애인이 아닌 우리가 모두 알고 있는 이것은 과학에 따르면 사실상 외부 세계에서 발견되는 것은 아니다. 그것은 빛을 보는 사람의 눈과 신경과 뇌에 어떤 파동이 작용함으로써 생기는 것이다. 빛의 파동이라고 말할 때 그 참된 의미는 파동이 빛에 대한 우리들 감각의 물리적 원인이라는 것이다. 그러나 빛 자체, 곧 시각장애인이 아닌 사람은 경험하고 시각장애인은 경험하지 못하는 빛 자체가 우리들 및 우리의 감관으로부터 독립된 세계의 일부를 형성한다고 과학에서는 가정하지 않는다. 그리고 매우 비슷한 말을 다른 감각에 대해서도 말할 수 있다.

과학적인 물질세계에는 색깔과 소리 등이 없을 뿐 아니라 우리가 시각이나 촉각을 통해 알게 되는 **공간**도 없다. 과학적 물질세계의 물질이 **어떤** 공간 속에 존재해야 한다는 것은 과학에 있어서 본질적인 것이지만 이 물질이 존재하는 공간은 우리가 보거나 느끼는 공간과 정확하게 같을 수는 없다. 우선 우리가 보는 공간은 촉각에 의해 알게 되는 공간과 동일하지 않다. 오직 어린 시절의 경험에 의해서만 우리는 보고 있는 사물을 만지는 법, 또는 만지고 있다고 느끼는 것을 보는 법을 배운다. 그러나 과학적 공간은 촉각과 시각 사이에 있는 중립적인 것이고 따라서 그것은 촉각의 공간이나 시각의 공간일 수는 없다.

거듭 말하지만 같은 대상이라도 각자의 시점에 따라 그 모양이 다르게 보인다. 예컨대 둥근 동전은, 비록 우리는 언제나 둥글다고 **판단**하더라도, 정면에서 곧바로 보지 않는 한 타원형으로 **보일** 것이다. 동전이 둥글다고 판단할 때 우리는 겉에 나타나 있는 모양이 아니라 그 현상으로부터 떨어져서 원래 동전에 속해 있는 실재(實在)의 모양이 있다고 판단한다. 그러나 과학이 관심을 갖는 이러한 실재의 모양은 어떤 사람에게 **겉으로 나타나는** 공간과는 다른 실재의 공간 속에 존재해야 한다.

실재하는 공간은 공통적인 것이고 겉에 나타나 있는 공간은 지각하는 사람에게 속하는 개인적인 것이다. 각자의 **개인적**인 공간에 있어서는 동일한 대상도 그 모양이 다르게 보인다. 따라서 그 대상이 실재의 모양을 갖게 되는 실재하는 공간은 개인적인 공간과는 다른 것임에 틀림없다. 그러므로 과학적 공간은 우리가 보거나 느끼는 공간과 관련되어 있지만 그것과 동일하지는 않으며 그 관련 방식은 살펴볼 필요가 있다.

우리는 잠정적으로 물질적 대상은 우리의 감각소여와 똑같을 수는 없지만 우리의 감각을 **일으키는** 것으로 볼 수 있다는 견해에 동의한 바 있다. 이러한 물질적 대상은 과학적 공간에 존재하며 우리는 과학적 공간을 '물리적' 공간이라고 부를 수 있다. 우리의 감각이 물질적 대상에 의해 야기된다면 이러한 대상과 우리의 감각 기관, 신경 및 뇌를 포함하는 물리적 공간이 있어야 한다는 점에 주목하는 것이 중요하다. 우리는 대상과 접촉할 때 촉각을 갖게 된다. 다시 말하면 그 대상이 놓여 있는 공간과 매우 가까운 물리적 공간에 우리의 신체 일부가 놓여 있을 때 촉각을 갖게 된다.

우리는 (대충 말하면) 물리적 공간에서 대상과 우리의 눈 사이에 불투명한 물체가 전혀 없을 때 대상을 보게 된다. 마찬가지로 우리는 대상에 충분히 접근했을 때, 또는 그것이 혀에 닿았거나 또는 물리적 공간에서 우리의 신체에 대해 적절한 위치를 차지할 때에만 어떤 대상의 소리를 듣고 냄새를 맡고 맛을 볼 수 있다. 대상과 우리의 신체가 모두 같은 물리적 공간에 속해 있다고 보지 않는 한, 다른 조건 밑에서 하나의 주어진 대상으로부터 어떠한 다른 감각을 얻을 수 있는가를 말하는 것은 불가능하다. 우리가 대상으로부터 어떠한 감각을 얻게 되는가를 결정하는 것은 대상과 우리 신체의 상대적 위치이기 때문이다.

그런데 우리의 감각소여는 시각의 공간이든 촉각의 공간이든 또는 다른 감관에서 생기는 더욱 막연한 공간이든 간에 개인적 공간에 놓여 있다. 과학과 상식이 가정하듯이 그 안에 물질적 대상이 존재하는 하나의 공통되고 포괄적인 물리적 공간이 있다면 물리적 공간 속 물질적 대상의 상대적 위치는 우리의 개인적 공간 속의 감각소여의 상대적 위치와 다소간 대응하지 않으면 안 된다. 이렇게 가정하는 데는 어떠한 난점도 없다. 길에서 어떤 집이 다른 집보다 더 가깝게 보인다면 다른 감관도 이 집이 더 가깝다는 견해를 지지할 것이다. 예컨대 이 길을 따라가면 그 집에 먼저 도착할 것이다. 다른 사람들도 우리가 더 가깝다고 본 이 집이 더 가깝다는 데 동의할 것이다.

육지측량부(陸地測量部)의 지도도 같은 견해를 보일 것이다. 이와 같이 모든 것이 집 사이의 공간적 관계와 우리가 집을 바라볼 때의 감각소여 사이의 관계가 대응되는 것임을 보여준다. 그러므로 우리는 물리적 공간이 존재하며, 이 공간 속에서는 물질적 대상은, 이에 대응되는 감각소여가 우리의 개인적 공간 속에서 갖는 공간적 관계에 대응되는 공간적 관계를 갖는다고 가정할 수 있다. 기하학이 다루고 물리학과 천문학이 가정하는 것도 이러한 물리적 공간이다.

물리적 공간이 존재하고 또한 위에서 본 것처럼 이 공간은 개인적 공간에 대응된다고 가정하면 우리는 이에 대해 무엇을 알 수 있는가? 우리는 **오직** 이러한 대응을 확보하기 위해 필요한 것만을 알 수 있다. 다시 말하면 우리는 물리적 공간 자체가 어떤 것인지를 알지 못하고 물질적 대상의 여러 가지 공간적 관계에서 생기는 물질적 대상의 배열 방식을 알 수 있을 뿐이다. 예컨대 우리는 물리적 직선 그 자체가 어떤 것인지를 우리가 시각적 공간 속의 직선의 모양을 아는 것처럼 알지는 못하더라도 일식(日蝕) 때에는 지구와 태양과 달이 일직선상에 놓인다는 것을 알 수 있다. 이처럼 우리는 거리 자체보다는 물리적 공간 속의 거리의 **관계**에 대해 더 많은 것을 알게 된다. 우리는 어떤 거리가 다른 거리보다 더 멀고 또는 어떤 거리가 다른 거리와 같은 직선에 놓여 있다는 것은 알 수 있지만 우리의 개인적 공간에 있어서 거리나 색깔이나 소리나 그 밖의 감각소여를 직접 알듯이 물리적 거리를 직접 알 수는 없다.

우리가 물리적 공간에 대해 알 수 있는 것은 기껏해야 시각장애인으로 태어난 사람이 다른 사람을 통해 시각의 공간을 아는 정도일 것이다. 그러나 시각장애인으로 태어난 사람이 시각의 공간에 대해 결코 알 수 없는 내용들은 우리도 물리적 공간에 대해 결코 알 수 없는 것들이다. 우리는 감각소여와 대응 관계를 유지하기 위해 필요한 여러 가지 관계의 성질을 알 수는 있지만 이러한 여러 가지 관계가 성립하는 관계항(關係項)의 본성에 대해서는 알지 못한다.

시간에 대해 말하면 우리의 지속에 대한 **느낌**이나 시간의 경과에 대한 **느낌**은 시계에 의해 경과하는 시간에 대한 안내로서는 매우 불완전하다. 곧 지루하거나 고통스러울 때에는 시간은 천천히 지나가고 유쾌하게 지내고 있을 때에는 시간은 빨리 지나가며 잠들어 있을 때에는 시간은 거의 존재하지 않는 것처럼 지나간다. 따라서 시간이 지속으로 구성되어 있는 한, 공간의 경우와 마찬가지로 공통된 시간과 개인적 시간을 구별할 필요가 있다. 그러나 시간이 전후의 **순서**로 되어 있는 한, 이렇게 구별할 필요는 없다. 사건이 갖고 있는 것으로 보는 시간적 순서는 우리가 알고 있는 한에서는, 이 사건들이 실제로 갖고 있는 시간적 순서와 동일하다.

어쨌든 이 두 개의 순서가 동일하지 않다고 가정할 이유는 하나도 없다. 이것은 보통 공간의 경우에도 해당된다. 일개 연대의 병사가 거리를 따라 행진하고 있다면 연대의 **모양**은 시점이 달라짐에 따라 다르게 보이겠지만 병사들은 어느 시점에서 보더라도 동일한 **순서**로 배열되어 있을 것이다. 그러므로 우리는 물리적 공간 속에서도 **순서**는 변하지 않는다고 본다. 한편 모양은 순서 유지에 필요한 한에서만 물리적 공간에 대응된다고 생각될 뿐이다.

사건이 **갖고 있는 것처럼 생각되는** 시간적 순서와 사건이 **정말로 갖고 있는** 시간적 순서가 동일하다고 말하는 경우, 있음 직한 오해를 일으키지 않도록 주의해야 한다. 곧 여러 가지 물질적 대상의 다양한 상태가 이러한 대상들의 지각을 구성하는 감각소여와 동일한 시간적 순서를 갖는다고 생각해서는 안 된다. 천둥과 번개는 물질적 대상으로서 생각한다면 동시적이다. 다시 말하면 번개는 공기의 교란이 시작되는 곳, 곧 번개가 있는 곳에서 공기의 교란과 동시에 일어난다.

그러나 우리가 천둥소리를 듣는다고 하는 감각소여는 공기의 교란이 우리가 있는 곳에 전달될 때까지는 생기지 않는다. 마찬가지로 태양 광선이 우리에게 도달하려면 약 8분이 걸린다. 따라서 우리는 태양을 볼 때 8분 전의 태양을 보고 있는 것이다. 우리의 감각소여가 물질적 태양에 대한 증거를 준다고 한다면 그것은 8분 전의 물질적 태양에 대한 증거를 제시하는 것이다. 만일 물질적 태양이 마지막 8분 동안에 존재하지 않게 된다고 하더라도 우리가 '태양을 본다'고 하는 감각소여에는 아무런 차이도 없을 것이다. 이것은 감각소여와 물질적 대상을 구별할 필요를 보여주는 선명한 사례다.

공간에 대해서 우리가 알아낸 것은 감각소여와 물질적 대응물의 대응 관계에서 발견한 것과 동일하다. 한 대상은 푸르게 보이고 또 하나의 대상은 붉게 보인다면 우리는 물질적 대상에도 이에 대응하는 차이가 있다고 합리적으로 가정할 수 있다. 두 대상이 모두 푸르게 보이면 우리는 이에 대응하는 유사성을 가정할 수 있다. 그러나 대상을 푸르게 또는 붉게 보이게 하는 물질적 대상의 성질을 우리가 직접 안다는 것은 기대할 수 없는 일이다. 과학은 이 성질을 어떤 종류의 파동이라고 설명하며, 우리는 우리가 보는 공간 속에서의 파동을 생각하기 때문에 이러한 설명이 친숙하게 들린다. 그러나 이러한 파동은 사실은 우리가 직접 알 수는 없는 물리적 공간 속에 있어야 한다. 따라서 실재하는 파동은 우리가 알고 있다고 생각하는 것처럼 친숙하지는 않다.

색깔에 대해 한 말은 다른 감각소여에 대해서도 거의 동일하게 할 수 있다. 이와 같이 해서 물질적 대상의 **관계**는 온갖 종류의 인식할 수 있는 성질을 가지며 이러한 성질은 감각소여와 대응 관계에서 이끌어낼 수 있지만, 물질적 대상 자체는 적어도 감관을 수단으로 해서 발견되는 한에서는 그 내재적(內在的) 성질을 알 수 없다는 것을 우리는 알았다. 물질적 대상의 내재적 본성을 발견하는 다른 방법이 있는지에 대한 문제는 아직도 그대로 남아 있다.

비록 궁극적으로는 가장 옹호할 수 있는 것이 아니라 하더라도 맨 처음으로 채택하기에 가장 자연스러운 가정은, 적어도 시각의 감각소여에 대해서는 지금까지 고찰해온 여러 이유로 보아 물질적 대상은 감각소여와 **정확하게** 같지는 않더라도 다소간에 비슷하기는 하다는 것이리라. 이 견해에 따르면 물질적 대상은 예컨대 정말로 색깔을 가질 것이며 우리는 운만 좋으면 어떤 대상의 실재 색깔을 볼 수 있을지도 모른다. 어떤 대상이 특정한 순간에 갖는 것으로 보이는 색깔은 각기 다른 많은 시점에서 보더라도 비록 똑같지는 않지만 일반적으로 매우 비슷할 것이다. 그러므로 우리는 '실재하는' 색깔을 일종의 중간색, 각기 다른 시점에서 보이는 다양한 색조의 중간에 있는 것으로 생각할 수도 있을 것이다.

　이러한 이론은 아마 결정적으로 논파될 수는 없겠지만 근거가 없다는 것을 보여줄 수는 있다. 우선 우리가 보는 색깔은 오직 눈을 자극하는 광파(光波)의 성질에만 의존하므로 우리와 대상 사이에 개재하는 매체(媒體)에 의해 변화하고 또한 빛이 대상에서부터 눈의 방향으로 반사되는 방식에 의해 변화한다는 것은 명백하다. 그 사이에 있는 공기는 완전히 투명하지 않으면 색깔을 변경시키고 강렬한 반사는 어느 것이나 색깔을 완전히 변경시킬 것이다. 이처럼 우리가 보는 색깔은 눈에 도달할 때의 광선의 결과이고 단지 광선이 나오는 대상의 성질은 아니다. 그러므로 어떤 광파가 눈에 도달한다면 파동이 나오는 대상이 색을 갖고 있느냐 없느냐 하는 것과는 상관없이 우리는 어떤 색을 보게 될 것이다. 이처럼 물질적 대상이 색깔을 갖는다고 가정하는 것은 근거가 없고 따라서 이러한 가정에는 어떠한 정당성도 없다. 정확하게 똑같은 논의가 다른 감각소여에도 적용될 것이다.

이제 남아 있는 것은 만일 물질이 실재한다면 물질은 이러이러한 본성을 **가져야 한다**고 주장할 수 있게 하는 일반적인 철학적 논의가 있는가 하는 문제다. 앞에서 설명한 것처럼 아주 많은 철학자들은, 어쩌면 대부분의 철학자들은 실재하는 것은 무엇이든지 어떤 의미에서는 정신적이어야 하고, 적어도 그것에 대해 조금이라도 알 수 있는 것은 무엇이든지 어떤 의미에서는 정신적이어야 한다고 주장해왔다. 이러한 철학자를 '관념론자'라고 부른다.

관념론자들은 물질로 나타나는 것은 사실은 정신적인 것이라고 말한다. 다시 말하면 그것은 (라이프니츠가 주장하듯이) 다소간에 미발달한 정신이거나, (버클리가 논한 것처럼) 우리가 보통 말하는 물질을 '지각'하는 정신 속 관념이다. 이처럼 관념론자들은 우리의 감각 소여가 개인적 감각에서 독립해서 존재하는 어떤 것의 기호라는 점을 부정하지 않지만 정신과는 본질적으로 다른 어떤 것으로서 물질이 존재한다는 것은 부정한다. 다음 장에서는 관념론자들이 그들의 이론을 옹호하기 위해 내세우는 이유들 — 내 의견으로는 잘못된 것이지만 — 을 간략하게 고찰하기로 한다.

4

관념론

'관념론'이라는 말은 여러 철학자들이 약간씩 다른 의미로 사용한다. 우리는 이 말을 존재하는 것, 또는 적어도 존재함을 알 수 있는 것은 무엇이든지 어떤 의미에서는 정신적이어야 한다는 이론이라고 이해하기로 한다. 철학자들 사이에서 광범하게 주장되는 이 이론은 여러 가지 형태가 있고 또한 여러 가지 다른 근거에서 옹호된다. 이 이론은 매우 광범하게 주장되고 또한 그 자체가 매우 흥미있으므로 아무리 간략한 철학 입문서에서도 어느 정도 설명하지 않을 수 없다.

철학적 사변(思辨)에 익숙하지 않은 사람들은 분명 이러한 이론을 불합리하다며 거부하기 쉽다. 확실히 상식적으로 생각하면 책상, 의사, 태양, 달 등 구체적 대상은 일반적으로 성신 및 성신의 내용과는 근본적으로 다르고 정신이 존재하지 않게 되더라도 계속해서 존재하는 것이다. 우리는 물질이 정신보다 훨씬 이전부터 존재했다고 생각하므로 그러한 물질을 정신 활동의 소산에 지나지 않는다고 생각하기는 어렵다. 그러나 참이든 거짓이든 간에 관념론을 분명히 불합리한 것으로 여겨 배척할 수는 없다.

물질적 대상이 독립된 존재를 갖는다 하더라도 그것은 감각소여와는 현저하게 다르고, 목록이 그 속에 기재된 물품과 대응되듯이 그런 방식으로 감각소여와 **대응**될 수 있을 뿐임을 이미 보아왔다. 그러므로 상식적으로 생각해보면 우리는 물질적 대상의 참된 내재적 성질에 대해서 완전히 알 수 없으며, 만일 물질적 대상을 정신적인 것으로 볼 충분한 이유가 있다면 우리는 이 견해가 기묘하게 보인다고 해서 부인해서는 안 될 것이다. 물질적 대상에 대한 진리가 기묘하다는 것은 **틀림없는** 사실이다. 그것은 도달할 수 없는 것일지도 **모르지만** 어떤 철학자가 여기에 도달했다고 믿는다면 그가 제시하는 진리가 기묘하다는 사실을 그의 의견에 반대하는 근거로 삼아서는 안 된다.

관념론이 주장되는 근거는 일반적으로 인식론(認識論), 다시 말하면 우리가 사물을 인식하기 위해 사물이 만족시켜주어야 할 여러 조건들을 검토하는 데서 나온다. 이러한 근거 위에서 관념론을 확립하고자 처음으로 진지한 시도를 한 사람은 버클리 주교였다. 그는 우선 대체로 타당한 논의에 의해 우리의 감각소여는 우리들로부터 독립된 존재를 갖는다고 생각할 수는 없지만 보거나 듣거나 만지거나 냄새 맡거나 맛보거나 하지 않으면 그 존재는 지속되지 않으리라는 의미에서는 적어도 부분적으로는 정신 '속에' 존재해야 한다는 것을 증명했다.

여기까지는, 비록 그의 논의의 일부는 그렇지 않더라도, 그의 주장은 거의 타당한 것이었다. 그러나 그는 계속해서 감각소여는 우리의 지각이 그 존재를 보증하는 유일한 것이고 따라서 인식된다는 것은 정신 '속에' 있는 것, 따라서 정신적인 것이라고 주장했다. 그러므로 그는 어떤 정신 속에 존재하는 것 말고는 아무것도 인식할 수 없으며 내 정신 속에 존재하지 않으면서 인식되는 것은 무엇이든 어떤 다른 정신 속에 있어야 한다는 결론을 내렸다.

그의 논의를 이해하기 위해서는 '관념(idea)'이라는 말을 그가 어떻게 사용했는가를 알 필요가 있다. 그는 예컨대 감각소여가 인식되는 것처럼 **직접적으로** 인식되는 것을 '관념'이라고 불렀다. 그러므로 우리가 보는 특정한 색깔은 관념이고 우리가 듣는 목소리 등도 마찬가지다. 그러나 이 용어는 감각소여에 전적으로 국한되지는 않는다. 또한 상기되거나 상상되는 것도 있다. 이러한 것도 상기되거나 상상되는 순간에는 직접 알 수 있기 때문이다. 이러한 모든 직접적 소여도 그는 '관념'이라고 부른다.

다음으로 그는 예컨대 나무 같은 보통의 대상을 고찰하기 시작한다. 그는 우리가 나무를 '지각'할 때 직접 알게 되는 모든 것은 그가 말하는 의미의 관념으로 이루어진다는 것을 밝히고 지각되는 것 외에 나무에 대해 실재적인 것이 있다고 가정할 근거는 전혀 없다고 주장한다. 그 존재는 지각된다는 데 있다고 그는 말한다. 스콜라 철학자식으로, 라틴어로 말하면 esse(존재하는 것)는 percipi(지각되는 것)이다. 그는 우리가 눈을 감거나 사람이 가까이 있지 않을 때에도 나무는 계속 존재해야 한다는 것을 충분히 인정한다.

그러나 이처럼 계속 존재하는 것은 신이 그것을 계속해서 지각한다는 사실에 원인이 있다고 그는 말한다. 곧 '실재하는' 나무—이것은 우리가 말하는 물질적 대상에 대응된다—는 신의 정신 속의 관념으로 이루어져 있으며 신의 정신 속 관념은 우리가 나무를 볼 때 갖는 관념과 다소간 비슷하지만 이 관념은 나무가 존재하는 한 신의 정신 속에 영구히 존재한다는 점에서 다르다. 그에 따르면 우리의 모든 지각은 신의 지각에 부분적으로 관여하는 것이고 이러한 관여 때문에 여러 사람들이 대체로 똑같은 나무를 보게 된다. 이처럼 정신과 그 관념을 떠나서는 이 세계에는 아무것도 존재하지 않으며 또한 인식되는 것은 반드시 관념이므로 관념 말고는 어떤 것도 인식될 수 없다.

이러한 논의에서 철학사적(哲學史的)으로 보아 중대한 오류가 상당히 많으며 따라서 이러한 오류를 밝히는 것도 마찬가지로 중요하다. 첫째로 '관념'이라는 말의 용법 때문에 생긴 혼란이 있다. 우리는 관념을 본질적으로 어떤 사람의 정신 **속에** 있는 것으로 생각하므로 나무는 전적으로 관념으로 이루어져 있다는 말을 들으면, 만일 그렇다면 나무가 전적으로 정신 속에 존재해야 한다고 생각하는 것은 당연하다. 그러나 정신 **속에** 있다고 하는 개념은 애매하다. 우리가 어떤 사람을 마음속으로 생각한다고 말할 때 그것은 그 사람이 우리의 마음속에 있다는 뜻이 아니라 그에 대한 생각이 우리의 마음속에 있다는 뜻이다. 처리해야 할 어떤 일을 말끔히 잊었다고 말할 때 그것은 그 일 자체가 전에는 마음속에 있었다는 뜻이 아니라 그 일에 대한 생각이 전에는 마음속에 있었으나 그 후에는 마음속에서 사라졌다는 뜻이다. 따라서 나무는 우리가 그것을 인식할 수 있는 한 우리의 정신 속에 있어야 한다고 버클리가 말할 때 그가 정말로 말할 수 있는 권리를 가진 것은 기껏해야 나무에 대한 생각은 우리의 정신 속에 있어야 한다는 것뿐이다.

나무 자체가 우리의 마음속에 있어야 한다고 말하는 것은 우리가 마음속으로 생각하는 사람 그 자신이 우리의 마음속에 있다고 말하는 것과 같다. 이러한 혼란은 유능한 철학자가 실제로 범하기에는 너무나 조잡한 혼란으로 보일지 모르지만 여러 가지 부수적인 사정 때문에 이러한 혼란이 가능했던 것이다. 어떻게 해서 이러한 혼란이 가능했는가를 알려면 관념의 본성에 대한 문제를 더 깊이 고찰해야 한다.

관념의 본성의 문제를 말하기 전에 감각소여와 물질적 대상과 관련해 제기되는 전혀 다른 두 문제를 구별해야 한다. 우리는 앞에서 여러 가지 자세한 이유로 보아 버클리가 나무에 대한 지각을 구성하는 감각소여를 주관적인 것 ─ 이러한 감각소여는 나무에 의존하는 것과 마찬가지로 우리에게도 의존하며 이 나무가 지각되지 않으면 존재하지 않으리라는 의미에서 ─ 으로 다룬 것은 옳았음을 알았다. 그러나 이것은 직접 인식될 수 있는 것은 무엇이든지 정신 속에 **있어야 한다**는 것을 증명하려는 버클리의 관점과는 완전히 다른 관점이다.

이러한 목적을 위해서는 감각소여가 우리에게 의존한다는 자세한 논의는 쓸모가 없기 때문이다. 증명할 필요가 있는 것은 일반적으로 사물은 인식됨으로써 정신적인 것으로 밝혀진다는 점이다. 버클리는 자기가 이 점을 밝혔다고 믿었다. 우리가 지금 문제로 삼아야 할 것은 이 문제이고 감각소여와 물질적 대상의 차이에 대한 앞의 문제는 아니다.

'관념'이라는 말을 버클리의 의미로 생각하면 관념이 정신 앞에 있을 때에는 언제나 전혀 다른 두 가지 일을 고려하지 않으면 안 된다. 한편으로는 우리가 의식하는 것 ― 예컨대 내 책상의 색깔 ―이 있고 또 한편으로는 현실적 의식 자체, 곧 사물을 감지(感知)하는 정신 활동이 있다. 정신 활동은 물론 정신적이지만 그렇다고 해서 감지된 것이 어떤 의미에서든 정신적인 것이라고 가정할 이유가 있는가? 색깔에 대한 앞의 논의에서는 색깔이 정신적인 것이라고 증명되지는 않았다. 이 논의에서는 단지 색깔의 존재는 우리의 감각기관과 물질적 대상 ― 우리의 경우에는 책상 ― 의 관계에 달려 있다는 것이 증명되었을 뿐이다. 다시 말하면 이 논의에서는 정상적인 눈이 책상에 대해 어떤 지점에 놓여 있으면 어떤 빛 속에 어떤 색깔이 존재하리라는 것이 증명되었다. 이 논의는 색깔이 지각하는 사람의 정신 속에 존재한다는 것을 증명하지는 못한다. 색깔은 분명히 정신 속에 존재해야 한다는 버클리의 견해는 감지된 것과 감지하는 작용을 혼동함으로써 그럴듯하게 보이는 것 같다.

이 두 가지는 어느 것이나 관념이라고 부를 수 있을 것이고 따라서 버클리도 아마 이 두 가지를 관념이라고 부른 것이리라. 감지하는 작용은 분명히 정신 속에 있다. 그러므로 이 작용을 생각할 때에는 우리는 관념이 정신 속에 존재해야 한다는 견해에 쉽게 동의한다. 그런데 이러한 견해가 관념을 감지 작용으로 볼 때에만 참되다는 것을 잊고, '관념은 정신 속에 존재한다'는 명제를 관념의 또 다른 의미, 곧 우리의 감지 작용에 의해 감지된 것으로 옮겨놓는다. 이처럼 부지중에 애매한 용어를 사용함으로써 우리는 감지될 수 있는 것은 무엇이든지 우리의 정신 속에 있어야 한다는 결론에 도달한다. 이것이 버클리의 논증 및 그 근거에 있는 궁극적 오류에 대한 올바른 분석일 것이다.

사물을 감지할 때 작용과 대상을 구별하는 이 문제는 매우 중요하다. 우리의 지식 획득의 모든 능력이 이 문제와 관련되기 때문이다. 자신 이외의 것을 아는 능력은 정신의 중요한 특징이다. 대상을 직접 안다는 것은 본질적으로는 정신과 정신 이외의 어떤 것의 관계로 이루어진다. 이렇게 해서 사물을 아는 정신의 능력이 구성된다. 만일 인식되는 것은 정신 속에 있어야 한다고 말한다면 우리는 정신의 인식능력을 부당하게 제한하거나 또는 단지 동어반복(同語反覆)을 하는 데 지나지 않는다. '정신 **속에**'라는 것이 '정신 **앞에**'와 같은 뜻이라면, 곧 단지 정신에 의해 감지되는 것을 의미한다면 우리는 동어반복을 하는 데 지나지 않는다.

그러나 우리가 이러한 뜻으로 말하고 있다면 **이러한 의미에서** 정신 속에 있는 것은 그럼에도 정신적인 것이 아닐지도 모른다는 것을 인정하지 않을 수 없을 것이다. 이렇게 해서 지식의 본성을 알게 될 때 버클리의 논의는 내용상으로나 형식상으로나 잘못임을 알게 되고 또한 '관념' — 곧 감지된 사물 — 은 정신적이어야 한다고 가정하는 근거는 아무런 타당성을 갖지 못한다는 것을 알게 된다. 그러므로 관념론을 옹호하는 그의 근거도 없어질 것이다. 남은 문제는 다른 근거가 있는가 살펴보는 것이다.

우리가 인식하지 못하는 것은 그 존재를 알 수 없다고 마치 자명한 이치인 것처럼 흔히 말한다. 어떤 방식으로든 우리의 경험과 관계될 수 있는 것에는 무엇이든지 이러한 추리가 나온다. 여기서 만일 물질이 본질적으로 우리가 직접 알 수 없는 것이라면 물질은 우리가 그 존재를 알 수 없고 따라서 우리에게는 아무런 중요성도 없는 것이라 귀결된다. 또한 여기에는 우리에게 아무런 중요성도 가질 수 없는 것은 실재할 수 없고 따라서 물질은 정신 또는 정신적 관념으로 구성되지 않는다면 실재할 수 없고 단지 환상에 지나지 않는다는 것이 그 이유는 불분명하지만 일반적으로 암시되어 있다.

여기서 이 논의를 충분히 다루는 것은 불가능하다. 이 논의는 상당한 예비적 검토가 필요한 논점을 제기하기 때문이다. 그러나 이 논의를 거부하기 위한 몇 가지 이유는 당장 찾아낼 수 있을 것이다.

결론부터 말한다면 우리에게 **실제적인** 중요성이 없는 것은 실재하지 않아야 한다는 이유는 없다는 것이다. **이론적** 중요성을 포함시킨다면 실재하는 것은 모두 우리에게 **어떤** 중요성을 갖는다고 말할 수 있다. 우주에 대한 진리를 알고자 열망하는 인간으로서 우리는 우주에 포함된 모든 것에 관심을 갖기 때문이다. 그러나 이러한 관심까지도 포함시킨다면 비록 물질이 존재하는 것을 우리가 알 수 없다 하더라도, 그 물질이 존재한다면 그것이 우리에게 아무런 중요성도 없다고 하는 것은 올바르지 않다. 분명히 우리는 물질이 존재한다고 생각하거나 과연 존재할까 의심하기도 한다. 그러므로 물질은 우리의 지식욕과 결부되어 있고 이 욕망을 만족시키거나 좌절시키는 중요성을 갖는다.

다시 말하면 우리가 인식할 수 없는 어떤 것이 존재한다는 것을 우리는 결코 알 수 없다는 것은 자명한 이치가 아니며 사실은 잘못이다. 여기서 안다고 하는 말은 두 가지 다른 의미로 사용된다.

(1) 첫 번째 용법에서는 오류에 대립되는 지식에 적용되며 우리가 아는 것은 **참**이라는 의미, 우리의 신념과 확신, 곧 **판단**이라고 불리는 것에 적용되는 의미로 쓰인다. 이 말의 이러한 의미에서는 우리는 어떤 것이 사실이라는 **것**을 안다. 이러한 종류의 지식을 **진리**에 대한 지식이라고 말할 수 있다.

(2) 위의 '안다'는 말의 두 번째 의미에서는 이 말은 **사물**에 대한 우리의 지식에 적용된다. 이것을 우리는 **직접지**(直接知, acquaintance)라고 부를 수 있다. 이것은 우리가 감각소여를 안다는 의미다(이 구

별은 개략적으로는 프랑스어의 savoir와 connaître, 독일어의 wissen과 kennen의 구별과 같다).

따라서 자명한 이치처럼 보이는 명제(命題)는 다시 말하면 다음과 같은 것이 된다. "우리가 직접 알지 못하는 어떤 것이 존재한다고 올바르게 판단한다는 것은 결코 불가능하다." 이것은 결코 자명한 이치가 아니며 반대로 명백한 오류다. 나는 중국 황제를 직접 아는 영광을 갖지는 못했으나 그가 존재한다고 판단하는 것은 올바르다. 물론 다른 사람들이 그를 직접 알고 있기 때문에 내가 그렇게 판단하는 것이라고 말할 수 있다. 그러나 이것은 빗나간 반박이다. 앞에서 말한 원리가 참이라면 나는 다른 사람이 중국 황제를 직접 안다는 것을 알 수 없기 때문이다. 그러나 더 나아가 **아무도** 직접 알지 못하는 것이 존재한다는 것을 내가 알 리가 없다고 해야 할 이유는 없다. 이 점은 중요하며 설명이 필요하다.

내가 존재하는 어떤 것을 직접 안다면 나의 직접지는 나에게 그것이 존재한다는 지식을 준다. 그러나 거꾸로 내가 어떤 것의 존재를 알 수 있는 경우에는 언제나, 나나 다른 사람이 그것을 직접 알고 있어야 한다는 것은 참이 아니다. 우리가 직접지 없이 참된 판단을 하는 경우에 일어나는 일은 그것이 **기술**(記述, description)에 의해 나에게 알려진다는 것, 그리고 어떤 일반적 원리에 의해 이 기술에 대응하는 것의 존재는 내가 직접 알고 있는 어떤 것의 존재에서 추리할 수가 있다는 것이다. 이 점을 충분히 이해하려면 우선 직접지에 의한 지식과 기술에 의한 지식의 차이를 다루고 그다음으로는 만일 일반적인 원리가 있다면 어떠한 일반적인 원리가 우리 자신의 경험의 존재에 대한 지식과 동일한 확실성을 갖는가를 고찰하는 것이 좋을 것이다. 이 문제는 다음 장에서 다루기로 한다.

5
직접지(直接知)에 의한
지식과 기술(記述)에 의한 지식

앞 장에서 우리는 사물에 대한 지식과 진리에 대한 지식이라는 두 종류의 지식이 있음을 알았다. 이 장에서는 사물에 대한 지식만을 다루기로 한다. 그런데 이 지식도 다시 두 가지로 구분된다. 사물에 대한 지식은 **직접지**에 의한 지식이라고 부르는 경우에는 본질적으로 진리에 대한 지식보다 단순하며, 비록 인간은 사실상 사물에 대한 진리를 동시에 알지 못하면서 사물을 직접 알 수 있다고 가정하는 것은 성급하겠지만 논리적으로 진리에 대한 지식에서 독립되어 있다. 반대로 **기술**에 의한 사물의 지식은 이 장이 진행됨에 따라 밝혀지겠지만, 그 원천과 근거로서 언제나 어느 정도의 진리에 대한 지식을 포함한다. 그러나 우선 '직접지'는 무엇을 의미하는가, '기술'은 무엇을 의미하는가를 분명하게 해놓아야 할 것이다.

추리의 과정 또는 진리에 대한 지식을 매개로 하지 않고 직접 어떤 것을 의식할 때 우리는 **직접지**를 가졌다고 말한다. 따라서 책상 앞에 있으면 나는 책상의 현상(現象)을 이루는 감각소여 ― 색깔, 모양, 딱딱함, 평평함 등 ―를 직접 알게 된다. 이러한 모든 것은 내가 책상을 보거나 만질 때 직접 의식하는 것이다. 내가 보고 있는 색깔의 색조(色調)에 대해서는 여러 가지로 말할 수 있을 것이다 ―나는 책상이 갈색이라든가, 오히려 흑색에 가깝다든가 하는 말을 할 수 있다.

그러나 이러한 진술(陳述)은 색깔에 **대한** 진리를 알게 하기는 하지만 색깔 자체에 대해 이전보다 더 잘 알게 하는 것은 아니다. 색깔에 대한 진리의 지식과 대립되는 색깔 자체에 대한 지식에 국한하는 한, 나는 그 색깔을 보고 있을 때 그 색깔을 전적으로 완전하게 알고 있어서 색깔 자체에 대한 그 이상의 지식은 이론적으로도 불가능하다. 이와 같이 책상의 현상을 이루는 감각소여는 내가 직접 아는 것이고, 있는 그대로 직접 나에게 알려지는 것이다.

반대로 물리적 대상으로서의 책상에 대한 나의 지식은 직접적 지식은 아니다. 따라서 이러한 지식은 책상의 현상을 이루고 있는 감각소여를 직접 아는 것을 통해 획득되는 지식이다. 책상이 존재하는가 존재하지 않는가 하는 의심은 불합리하지 않지만 감각소여에 대한 의심은 불합리하다는 것을 우리는 알고 있다. 책상에 대한 나의 지식은 우리가 '기술에 의한 지식'이라고 부르는 것이다. 이 책상은 '이러이러한 감각소여를 일으키는 물질적 대상'이다. 이것은 감각소여에 의해 책상을 **기술**하고 있다.

책상에 대해 무엇이든 알기 위해서는 우리는 책상을 우리가 직접 알고 있는 것과 연결해주는 진리를 알아야 한다. 다시 말하면 우리는 '이러이러한 감각소여가 물리적 대상에 의해 일어난다'는 것을 알아야 한다. 우리가 직접 책상을 의식하는 정신적 상태는 없다. 책상에 대한 우리의 모든 지식은 사실상 **진리**에 대한 지식이고 책상이라는 현실적인 것은 엄밀히 말하면 우리에게는 전혀 인식되지 않는다. 우리는 어떤 기술을 알고, 또한 비록 대상 자체는 직접 우리에게 알려지지 않지만 이러한 기술이 적용되는 단 하나의 대상이 있다는 것을 알고 있다. 이러한 경우 우리는 그 대상에 대한 지식을 기술에 의한 지식이라고 말한다.

우리의 모든 지식은 사물에 대한 지식도, 진리에 대한 지식도 그 기초로서의 직접지에 의존한다. 그러므로 우리가 직접 알 수 있는 것은 어떠한 종류의 것인가를 고찰하는 것은 중요하다.

이미 본 것처럼 감각소여는 우리가 직접 아는 것에 속한다. 사실상 감각소여는 직접지에 의한 지식의 가장 분명하고 현저한 예다. 그러나 감각소여가 유일한 예라면 우리의 지식은 실제보다도 더 제한될 것이다. 우리는 지금 우리의 감관에 나타나 있는 것만을 알 수 있을 것이다. 우리는 과거에 대해서는 — 과거가 있다는 것조차도 — 전혀 알 수 없고, 또한 감각소여에 대한 어떠한 진리도 알 수 없을 것이다. 앞으로 밝혀지겠지만 진리에 대한 모든 지식은 감각소여와는 본질적으로 다른 성격을 가진 것, 때로는 '추상 관념'이라고 불리지만 우리는 '보편(universal)'이라고 부르려고 하는 것에 대한 직접지를 요구하기 때문이다. 그러므로 우리의 지식에 대한 상당히 정확한 분석을 하려고 한다면 감각소여 이외의 다른 것에 대한 직접지를 고찰할 필요가 있다.

감각소여 외에 고려되어야 할 최초의 확대(擴大)는 **기억**에 의한 직접지다. 우리는 보거나 듣거나 또는 다른 방식으로 우리의 감관에 나타난 것을 흔히 상기하고, 게다가 이러한 경우에는 우리가 상기하는 것은 현재가 아니라 과거로 나타남에도 기억하고 있는 것을 직접 의식한다는 것은 분명하다. 기억에 의한 이러한 직접적 지식이 과거에 대한 우리의 모든 지식의 원천이다. 이러한 지식이 없다면 추리될 만한 과거라는 것이 있다는 것을 결코 알 수 없으므로 추리에 의해 과거를 안다는 것은 불가능하다.

고려해야 할 그 다음의 확대는 **내성**(內省, introspection)에 의한 직접지다. 우리는 사물을 의식할 뿐 아니라 흔히 사물을 의식하고 있다는 것을 의식한다. 이처럼 '태양을 보고 있다는 것'은 내가 직접 알고 있는 대상이다. 음식을 원할 때 나는 내가 음식을 원하고 있다는 것을 의식할 것이다. 이와 같이 '내가 음식을 원하고 있다는 것'은 내가 직접 알고 있는 대상이다. 마찬가지로 우리는 쾌감을 느낀다거나 고통을 느낀다는 것을 의식할 것이고 일반적으로 우리의 마음속에 일어나는 사건을 의식할 것이다. 이러한 종류의 직접지는 자의식(自意識)이라고 부를 수 있는 것인데 이것은 심적(心的)인 것에 대한 우리의 모든 지식의 원천이다. 이처럼 직접 인식될 수 있는 것은 우리의 마음속에 일어나고 있는 일뿐임은 분명하다.

다른 사람의 마음속에 일어나고 있는 일은 그들의 신체에 대한 우리의 지각, 다시 말하면 그들의 신체와 관련된 우리의 감각소여를 통해 우리에게 알려진다. 우리 자신의 마음의 내용에 대한 직접지가 없다면 우리는 다른 사람의 마음을 상상할 수 없을 것이고, 따라서 다른 사람들도 마음을 가졌다는 지식에 도달하지 못할 것이다. 자의식이 인간과 동물을 구별하는 것 가운데 하나라고 생각하는 것은 자연스러운 듯하다. 동물은 감각소여에 대한 직접지는 있지만 이러한 직접지를 결코 의식하지는 못한다고 우리는 생각하는 것이다. 그렇다고 해서 동물이 그들의 존재 여부를 의심한다는 뜻이 아니라 동물은 그들이 감각이나 감정을 갖고 있다는 사실을 결코 의식하지 못하고 따라서 감각과 감정의 주체인 그들이 존재한다는 것을 의식한 적이 없다는 뜻이다.

앞에서 우리의 마음의 내용에 대한 직접지를 **자의식**이라고 말했지만 이것은 물론 우리의 **자기**(self)에 대한 의식은 아니다. 이것은 특수한 사고나 감정에 대한 의식이다. 우리가 특수한 사고나 감정에 대립되는 적나라한 자기도 직접 알 수 있는가 하는 문제는 매우 어려운 문제이며, 이 문제에 대해 긍정적인 말을 한다는 것은 성급할 것이다. 우리 자신을 살펴보려고 하면 우리는 언제나 특수한 사고나 감정과 마주하게 되지 사고하고 감정을 느끼는 '나'에 도달하지는 못하는 것 같다.

그럼에도 이러한 '나'를 직접 알고 있다고 생각할 수 있는 몇 가지 이유는 있다. 비록 이러한 직접지는 다른 것과 구별되기가 어렵지만, 어떠한 이유가 있는가를 분명히 하기 위해 잠시 특수한 사고에 대한 직접지에 사실상 포함되어 있는 것이 무엇인가를 고찰해보기로 하자.

'내가 태양을 보고 있다'는 것을 직접 알 때, 내가 서로 관계되는 두 가지 다른 것을 직접 알고 있음은 분명한 것 같다. 한편에는 태양을 나에게 나타나게 하는 감각소여가 있고 또 한편에는 이 감각소여를 보고 있는 것이 있다. 예컨대 태양을 나에게 나타나게 하는 감각소여에 대한 나의 직접지와 같은 모든 직접지는 분명히 직접 아는 사람과 그 사람이 직접 알고 있는 대상의 관계인 것 같다. 직접지의 한 사례가 내가 직접 알 수 있는 직접지일 때(예컨대 나에게 태양을 나타나게 하는 감각소여에 대한 나의 직접지를 내가 직접 알고 있을 때처럼), 직접 아는 사람이 나 자신이라는 것은 분명하다. 이와 같이 내가 태양을 보고 있다는 것을 직접 알 때 내가 직접 알고 있는 사실 전체는 '감각소여를 자기가 직접 알고 있다'는 것이다.

더 나아가 우리는 '내가 이 감각소여를 직접 알고 있다'는 진리를 알고 있다. 만일 우리가 '나'라고 부르는 어떤 것을 직접 알지 못한다면 어떻게 우리가 이 진리를 아는가, 또한 이 진리가 무엇을 의미하는가를 이해하기는 어렵다. 그렇다고 해서 우리는 다소간에 영속적인 사람, 곧 어제도 오늘도 변함이 없는 사람을 알고 있다고 가정할 필요는 없다. 그러나 우리는 그 본성이야 무엇이든지 간에 태양을 보고 감각소여를 직접 대면하고 있는 그러한 것을 우리가 직접 대면하지 않으면 안 될 것 같다.

따라서 어떤 의미에서는 우리는 우리의 특수한 경험과는 대립되는 우리의 '자기'를 직접 알고 있어야 할 것 같다. 그러나 문제는 어려워서 어느 쪽에 대해서나 복잡한 논의를 제시할 수 있다. 그러므로 우리 자신에 대한 직접지가 **아마도** 있음 직하더라도 틀림없이 있다고 주장하는 것은 현명하지 못하다.

그러므로 존재하는 사물에 대한 직접지에 대해 지금까지 말해 온 것을 다음과 같이 요약할 수 있다. 우리는 감각에서의 외부 감각의 소여를, 내성에서는 이른바 내부 감각의 소여 —사고, 감정, 욕망 등—를 직접 알고 있다. 또한 기억에서는 외부 감각의 소여였던 것을 직접 알고 있다. 더 나아가 비록 확실하지는 않지만 사물을 의식하거나 사물을 욕구하는 **자기**에 대한 직접지도 가능할 것 같다.

존재하는 특수한 사물에 대한 직접지에 덧붙여서 우리는 또한 이른바 **보편**, 다시 말하면 **희다는 것**, **다양성**, **형제 관계** 등 일반 관념을 직접 알고 있다. 모든 완전한 문장에는 적어도 보편을 나타내는 낱말 하나가 포함되어 있어야 한다. 모든 동사(動詞)는 보편적인 의미를 갖기 때문이다. 보편에 대해서는 다음에 9장 '보편의 세계'에서 다루기로 한다. 현재로서는 우리가 직접 알 수 있는 것은 무엇이든지 존재하는 특수한 것이어야 한다는 가정에 빠지지 않도록 하는 것이 필요할 뿐이다. 보편을 의식하는 것을 **파악**(把握, conceiving)이라고 부르고 우리가 의식하는 보편을 **개념**(槪念, conception)이라고 부른다.

우리가 직접 알고 있는 대상에는 (감각소여와 대립되는) 물질적 대상이 포함되지 않으며, 또한 다른 사람의 마음도 포함되지 않는다는 것은 분명할 것이다. 이러한 것은 내가 '기술에 의한 지식'이라고 부른 것에 의해 우리에게 알려질 뿐이다. 이제부터는 이 지식을 다루기로 한다.

나는 '기술'이라는 말로 '어떤 것이 이러이러하다(a so-and-so)' 또는 '그것은 이러이러하다(the so-and-so)'는 형식을 가진 어구를 나타내려고 한다. '어떤 것이 이러이러하다'는 형식을 가진 어구를 나는 '다의적(多義的)' 기술이라고 부르며 '그것은 이러이러하다'(단수형)는 형식을 가진 어구를 '확정적' 기술이라고 부르기로 한다. 그러므로 '어떤 사람'은 다의적 기술이고 '철가면을 쓴 그 사람'은 확정적 기술이다. 다의적 기술과 관련된 여러 가지 문제가 있지만, 그것은 우리가 검토하고 있는 문제와는 직접 관련되지 않으므로 언급하지 않기로 한다.

우리가 지금 검토하고 있는 것은 어떤 확정적 기술에 대응하는 대상이 존재한다는 것을, 이 대상을 **직접 알지** 못하면서도 우리가 아는 경우, 이 대상에 대한 우리의 지식은 어떠한 성질의 것인가 하는 것이다. 이것은 오직 **확정적** 기술과 관련되는 문제다. 그러므로 앞으로는 '확정적 기술'을 의미할 때에는 단지 '기술'이라고 말하기로 한다. 따라서 기술은 단수형(單數形)으로 '그것은 이러이러하다'는 형식을 가진 어구를 의미하게 될 것이다.

우리가 어떤 대상에 대해 '그것은 이러이러하다'는 것을 알 때,

곧 어떤 성질을 가진 하나의 대상이 있고 그 이상은 없다는 것을 알 때, 우리는 대상이 '기술에 의해 인식되었다'고 말하기로 한다. 그리고 여기에는 일반적으로 동일 대상에 대한 직접지에 의한 지식은 없다는 것이 함축된다. 우리는 철가면을 쓴 사람이 있었다는 것을 알고 있으며 이 사람에 대해 많은 명제가 알려지고 있다. 그러나 우리는 그가 누구였는가를 알지 못한다. 우리는 가장 많은 표를 얻는 후보자가 당선될 것임을 알고 있고 이 경우에는 사실상 가장 많은 표를 얻게 될 후보자가 될 사람을(어떤 사람이 다른 사람을 직접 알고 있다는 의미에서만) 직접 알고 있는 경우가 많다.

그러나 후보자들 중에서 어떤 사람이 그 사람인지를 알지 못한다. 다시 말하면 A를 어떤 후보자의 이름이라고 하는 경우 'A가 가장 많은 표를 얻은 그 후보자다'라는 형식의 명제에 대해서는 알지 못한다. 그 이러이러한 것이 존재한다는 것을 알고 있다 하더라도, 또한 어쩌면 사실상 그 이러이러한 것인 대상을 직접 알고 있을지 모르더라도, A를 우리가 직접 알고 있는 것이라고 하는 경우 'A는 그 이러이러한 것이다'라는 명제를 모를 때에는 우리는 그 이러이러한 것에 대해 '단지 기술적인 지식'을 갖는다고 말할 것이다.

'그 이러이러한 것이 존재한다'고 말한다면 우리는 그 이러이러한 대상이 단 하나뿐임을 의미한다. 'a는 그 이러이러한 것이다'라는 명제는 a는 이러이러한 성질을 가질 뿐 그 밖의 성질은 갖지 않았다는 것을 의미한다. 'A씨는 이 선거구의 그 통일당 후보자다'라고 하는 것은 'A씨는 이 선거구의 통일당 후보자이고 그 밖의 다른 사람은 그렇지 않다'는 뜻이다. 이처럼 우리가 그 이러이러한 대상을 직접 알고 있을 때 우리는 그 이러이러한 것이 존재한다는 것을 안다. 그러나 이러이러한 것임을 알고 있는 대상을 직접 알지 못할 때에도, 심지어 사실상 그 이러이러한 대상을 직접 알지 못할 때에도 우리는 그 이러이러한 것이 존재한다는 사실을 알 수가 있다.

보통의 말은, 심지어 고유명사까지도 통상적으로는 사실상 기술이다. 다시 말하면 고유명사를 사용하는 사람의 마음속에 있는 생각은 일반적으로 고유명사를 기술로 바꿔놓을 때에만 분명하게 표현될 수 있는 것이다. 게다가 이 생각을 표현하는 데 필요한 기술은 사람이 달라짐에 따라 달라지고 또한 같은 사람이라 하더라도 때가 다름에 따라 달라진다. 변하지 않는 유일한 것은(그 이름을 올바르게 사용하는 한) 그 이름이 적용되는 대상뿐이다. 그러나 이 대상이 변하지 않는 한 여기에 포함되는 특수한 기술은 보통 그 이름이 나타나는 명제의 진위(眞僞)에 영향을 미치지 못한다.

몇 가지 예를 들어 보기로 한다. 비스마르크(Bismarck, 1815~1898)에 대한 몇 가지 명제가 있다고 생각해보자. 자기 자신에 대한 직접지가 있다고 한다면 비스마르크 자신은 그가 직접 알고 있는 특정한 사람*을 직접 지시하기 위해 그의 이름을 사용했을지도 모른다. 이 경우 그가 자기 자신에 대해 판단을 했다면 그 자신은 이 판단의 구성 요소 가운데 하나일 것이다. 이 판단에서는 고유명사는 언제

---

* 비스마르크 자신을 말함.

나 소망되는 직접적 용법, 곧 단지 어떤 대상을 나타낼 뿐 그 대상의 기술이 되지는 않는 용법으로 사용되었다. 그러나 비스마르크를 알고 있던 어떤 사람이 비스마르크에 대해 판단을 내렸다면 사정은 달라진다.

이 사람이 직접 알고 있었던 것은 그가 비스마르크의 신체에 결부했던(올바르게 그렇게 했다고 생각하기로 하자) 어떤 감각소여였다. 물질적 대상으로서의 그의 신체, 더구나 그의 마음은 오직 이러한 감각소여와 결부된 신체와 마음으로서 인식되었을 뿐이었다. 다시 말하면 그것은 기술에 의해 인식되었다. 물론 어떤 사람의 외견상의 어떤 특징이 그의 친구가 그를 생각할 때 친구의 마음에 떠오르는가 하는 것은 대체로 우연적인 것이므로 현실적으로 친구의 마음속에 있는 기술도 우연한 것이다. 본질적인 것은 문제가 되고 있는 실재물(實在物, entity)을 직접 알지는 못함에도 여러 가지 기술이 모두 동일한 실재물에 적용된다는 것을 그는 알고 있다는 점이다.

비스마르크를 알지 못하는 우리가 그에 대해 판단을 한다면 우리 마음속에 있는 기술은 아마도 다소간에 막연한 역사적 지식의 집적(集積)일 것이다 — 대체로 비스마르크를 확인하는 데 필요한 것 이상이겠지만. 그러나 설명을 위해 그를 '독일 제국(帝國)의 초대 수상'이라고 생각하기로 하자. 여기서 '독일'을 제외한 모든 낱말은 추상적이다. 또한 '독일'이라는 말도 사람에 따라 그 뜻이 다르다. 어떤 사람은 이 말을 듣고 독일 여행을 상기할 것이고 어떤 사람은 지도 위 독일의 모양을 상기할 것이다. 그러나 적용이 가능하다는 것을 아는 기술을 얻으려고 한다면 우리는 어떤 점에서든 우리가 직접 알고 있는 특수와 관련시키지 않을 수 없을 것이다. 이러한 관련에는 과거, 현재, 미래(특정한 날짜와 대립된), 또는 여기, 저기, 또는 다른 사람이 말해준 것에 대한 언급이 포함되어 있다. 따라서 특수에 적용될 수 있다는 것이 알려진 기술은, 기술된 사물에 대한 지식이 이 기술에서 단지 **논리적으로** 이끌어낼 수 있는 것에 그쳐서는 안 된다면, 어떤 방식으로든 우리가 직접 알고 있는 특수와 관련을 갖지 않으면 안 될 것이다.

예컨대 '가장 오래 산 사람'은 오직 보편만을 포함하는 기술이고 반드시 어떤 사람에게 적용되어야 하지만 우리는 이 사람에 대해 이 기술이 제시하는 것 이상으로 이 사람에 대한 지식과 관련되는 판단을 할 수는 없다. 그러나 '독일 제국의 최초의 수상은 빈틈없는 외교관이었다'고 말한다면 우리는 우리가 직접 알고 있는 어떤 것 ─ 보통은 듣거나 읽은 증거 ─ 에 의해서만 우리의 판단이 참되다는 것을 확신할 수 있다. 우리가 다른 사람에게 전하는 정보는 별도로 하고, 또한 우리 판단에 있어서 중요한, 현실의 비스마르크에 대한 사실은 별도로 하고, 우리가 사실상 하고 있는 사고에는 하나 또는 그 이상의 특수가 포함되며, 그렇지 않을 경우에는 전적으로 개념으로 이루어진다.

마찬가지로 모든 장소의 이름 ─ 런던, 영국, 유럽, 지구, 태양계 ─ 에는, 이것이 사용될 때에는 우리가 직접 알고 있는 하나 또는 그 이상의 특수에서 출발하는 기술이 포함된다. 나는 우주조차도

형이상학이 생각될 때에는 특수와의 이러한 관련을 내포하지 않을까 생각한다. 반대로 존재하는 것만이 아니라 존재할지도 모르는 것, 또는 존재할 수도 있는 것을 다루는 논리학은 현실의 특수와는 관련이 없다.

기술에 의해서만 인식되는 것에 대해 말할 때, 우리는 흔히 기술을 포함하는 형식을 취하지 않고 기술되는 현실의 사물에 대해 **말하려고** 한다. 다시 말하면 비스마르크에 대해 말할 때, 우리는 가능하다면 비스마르크 자신만이 할 수 있는 판단, 곧 비스마르크 자신이 한 구성 요소가 되는 판단을 내리고 싶어 한다. 이 경우에 우리는 반드시 실패하기 마련이다. 현실의 비스마르크는 우리에게 인식되지 않기 때문이다. 그러나 우리는 비스마르크라고 불리는 대상 B가 있고 B는 빈틈없는 외교관이었다는 것을 알고 있다. 이처럼 우리는 주장하고 싶은 명제, 곧 'B는 빈틈없는 외교관이었다'—이 경우 B는 비스마르크라는 대상—라는 명제를 **기술**할 수는 있다.

우리가 비스마르크를 '독일 제국의 최초의 수상'이라고 기술한다면 우리가 주장하고 싶은 명제는 '독일 제국의 최초의 수상이었던 현실의 대상에 대해 이 대상은 빈틈없는 외교관이었다고 주장하는 명제'라고 기술될 수 있을 것이다. 우리가 사용하는 기술이 다양함에도 의사 전달이 가능한 것은 현실의 비스마르크에 대한 참된 명제가 있다는 것, 또한 기술을 바꾸더라도 (이 기술이 올바른 한) 기술된 명제는 동일하다는 것을 알고 있기 때문이다. 기술되고 또한 참되다는 것이 알려진 이러한 명제가 우리의 관심을 끄는 것이지만 우리는 이 명제 자체를 직접 알지는 못하며, 따라서 이 명제가 참이라는 것을 알기는 하더라도 이 **명제 자체**를 알지는 못한다.

특수에 대한 직접지에서 멀어지는 여러 가지 단계가 있다는 것을 곧 알게 될 것이다. 비스마르크를 알고 있던 사람들에 대한 비스마르크가 있고, 역사를 통해서만 그를 알고 있는 사람들에 대한 비스마르크가 있으며, 또한 철가면을 쓴 사람이 있고, 가장 오래 산 사람이 있다. 이것은 특수에 대한 직접지에서 차츰 멀어지고 있다. 첫째 것은 다른 사람에 대해 가능한 한도 내에서 직접지에 가까운 것이고, 둘째 것에서는 우리는 아직도 '비스마르크가 어떤 사람이었는가'를 알고 있다고 말할 수 있을 것이다. 셋째 것에서는 이 사람에 대해 그가 철가면을 쓰고 있었다는 사실에서 논리적으로 이끌어낼 수 없는 많은 명제를 알고 있기는 하지만 철가면을 쓴 사람이 누구였는지는 알지 못한다. 끝으로 넷째 것에서는 그 사람의 정의(正義)에서 논리적으로 이끌어낼 수 있는 것 말고는 아무것도 알지 못한다.

보편의 영역에도 이와 비슷한 계층적 체계가 있다. 많은 보편은 많은 특수와 마찬가지로 기술을 통해서만 우리에게 알려진다. 그러나 여기서도 특수의 경우와 마찬가지로 기술에 의해 알려지는 것에 대한 지식은 궁극적으로는 직접지에 의해 알려지는 것에 대한 지식으로 환원될 수 있다.

기술을 포함하는 명제 분석(命題分析)의 근본 원리는 다음과 같다. 곧 **우리가 이해할 수 있는 모든 명제는 전적으로 우리가 직접**

알고 있는 구성 요소로 이루어져야 한다.

우리는 이 단계에서는 이러한 원리에 대해 제기될 수 있는 모든 반대에 대답하려고 하지 않는다. 현재로서는 어떠한 방식으로든 이러한 반대에 대답할 수 있다는 것을 지적해두는 것에 그치려고 한다. 우리가 판단하거나 가정하는 것이 무엇인가를 알지 못하고 판단하거나 가정한다는 것은 거의 생각할 수 없기 때문이다. 단지 시끄러운 소리를 내는 데 그치지 않고 의미 있는 말을 하려고 한다면 우리는 우리가 사용하는 말에 **어떤** 의미를 부여하지 않을 수 없다.

그리고 우리가 말에 부여하는 의미는 우리가 직접 알고 있는 것이어야 한다. 따라서 예컨대 우리가 율리우스 카이사르에 대해 말할 때 우리는 그를 직접 알지 못하므로 율리우스 카이사르 자신이 우리의 정신 앞에 있지 않다는 것은 분명하다. 우리는 마음속에 율리우스 카이사르에 대한 몇 가지 **기술**, 예컨대 '3월 15일에 암살당한 사람' 또는 '로마제국의 창시자' 또는 아마도 단지 **'율리우스 카이사르라는 이름을 가졌던 사람'** 등의 기술을 갖고 있다(이 마지막 기술에서 **율리우스 카이사르**는 우리가 직접 알고 있는 소리 또는 모양이다). 이처럼 우리의 진술은 그것이 의미하는 듯한 것을 그대로 의미하지 않고 율리우스 카이사르 대신에 그에 대한 어떤 기술 — 이것은 전적으로 우리가 직접 알고 있는 특수와 보편으로 이루어져 있다 — 을 포함하는 어떤 것을 의미한다. 기술에 의한 지식의 주된 중요성은 우리로 하여금 개인적 경험의 한계를 넘어서게 한다는 것이다. 우리는 직접지에 있어서 경험된 요소로만 이루어진 진리만을 알 수 있다는 사실에도 아랑곳없이 기술에 의해 우리가 한 번도 경험하지 못한 사물에 대해 지식을 가질 수 있다. 우리의 직접적 경험의 아주 궁색한 범위를 생각한다면 이러한 결론은 중요하다. 이 점이 이해되지 않는 한 우리의 지식의 대부분은 신비적인, 따라서 의심스러운 것으로 남아 있지 않을 수 없다.

6
귀납(歸納)

앞의 거의 모든 논의에서 우리는 존재의 지식을 얻기 위한 우리의 여건을 분명히 하려는 시도를 해왔다. 우리가 직접 알게 됨으로써 그 존재가 우리에게 알려지는 사물로는 이 우주에 어떠한 것이 있는가? 지금까지는 우리는 감각소여와 아마도 우리 자신을 직접 안다는 것이 이에 대한 대답이었다. 이러한 것이 존재한다는 것을 우리는 알고 있다. 그리고 기억되는 과거의 감각소여도 과거에는 존재했다는 것이 알려진다. 이러한 지식이 우리의 여건을 마련해준다.

그러나 이러한 여건에서 추리를 할 수 있다면 — 물질, 다른 사람, 우리의 개인적 기억이 시작되기 이전의 과거, 미래 등의 존재를 알 수 있다면 — 우리는 이러한 추리를 하기 위한 어떤 일반 원리를 알지 않으면 안 된다. A라고 하는 어떤 사물의 존재는, 예컨대 천둥

소리는 먼저 존재하는 번개의 존재의 기호인 것처럼, A와 동시이거나 전후하는 B라는 어떤 사물의 존재의 기호임이 우리에게 알려져야 한다. 이것이 알려지지 않는다면 우리는 개인적 경험의 영역을 넘어서 우리의 지식을 확대할 수는 없을 것이다. 그런데 이미 본 것처럼 이러한 영역은 매우 한정되어 있다. 이제부터 다루려고 하는 문제는 이러한 확대가 가능한가, 만일 가능하다면 어떻게 해서 실현되는가 하는 것이다.

한 예로서 사실상 아무도 의심하지 않는 일을 보기로 하자. 우리는 모두 내일 해가 뜰 것을 확신하고 있다. 왜? 이러한 신념은 과거 경험의 맹목적 결과에 지나지 않는가, 또는 합리적인 신념으로서 정당화될 수 있는가? 이러한 신념이 합리적인지 그렇지 않은지를 판단할 표준을 찾아낸다는 것은 쉽지 않지만 우리는 적어도 어떤 종류의 일반적 신념이 —그것이 참되다면— 내일 해가 뜰 것이라는 판단, 더 나아가 우리 행동의 기초가 되고 있는 그 밖의 많은 판단을 정당화할 수 있는가를 확인할 수는 있다.

물론 우리는 왜 내일 해가 뜰 것이라고 믿느냐는 질문을 받으면 '해는 변함없이 매일 떴으니까'라고 대답할 것이 분명하다. 해는 과거에도 떴으므로 미래에도 뜰 거라고 하는 것은 우리의 확고한 신념이다. 앞으로도 해가 계속해서 뜰 거라고 믿는 까닭이 무엇이냐는 도전을 받는다면 우리는 운동 법칙을 내세울 것이다. 곧 지구는 자유롭게 회전하는 물체고, 이러한 물체는 어떤 것이 외부에서 간섭하지 않는 한 회전을 멈추지 않으며, 오늘부터 내일 사이에는 외부에서 지구를 간섭하는 것이 하나도 없기 때문이라고 우리는 말할 것이다. 물론 외부에서 간섭하는 것이 전혀 없다는 것이 확실한가를 의심할 수는 있지만 이것은 흥미로운 의심은 아니다. 흥미로운 의심은 운동 법칙이 내일까지 계속 작용할 것인가 하는 것이다. 이러한 의심이 제기되면 우리는 해돋이에 대해 최초로 의심이 제기되었을 때와 동일한 처지에 놓여 있음을 알게 된다.

운동 법칙이 계속 작용할 것이라고 믿는 **유일한** 이유는 과거에 대한 우리의 지식에 따라 판단하는 한, 운동 법칙은 지금까지 줄곧 작용해왔다는 것이다. 분명히 운동 법칙의 경우에는 해돋이의 경우보다는 과거에서 더 많은 증거를 얻을 수 있다. 해돋이는 운동 법칙을 실현한 특수한 경우에 지나지 않고 그 밖에도 특수한 경우가 무수히 많기 때문이다. 그러나 진정한 문제는 이 법칙이 실현된 사례가 **어느 정도의** 수에 이르러야 미래에 있어서도 그것이 실현되리라는 증거가 될 수 있는가 하는 것이다.

만일 이러한 증거가 되지 못한다면 우리가 내일 해가 뜰 것이라고 기대하거나 또는 다음 식사 때 먹게 될 빵이 우리를 중독시키지 않을 것이라고 기대하거나 또는 우리의 일상생활을 거의 무의식적으로 지배하고 있는 일들을 기대할 아무런 근거도 없다는 것이 분명하다. 이러한 기대는 모두 **개연적**(蓋然的)임을 쉽게 알 수 있다. 따라서 우리는 이러한 기대가 반드시 **실현되어야 할** 증명을 추구할 것이 아니라 그것이 **실현될 것 같다**는 견해에 유리한 이유들을 추구해야 한다.

그런데 이 문제를 다루는 경우 우선 우리는 중요한 한 가지 구별을 해야 한다. 이러한 구별을 하지 않으면 우리는 곧 절망적인 혼란에 빠질 것이다. 지금까지 한결같은 계기 또는 공존이 거듭하여 되풀이되었다는 것이 다음번에도 동일한 계기 또는 공존을 기대하는 **원인**이 된다는 것은 경험을 통해 알고 있는 일이다. 어떤 겉모양을 가진 음식은 일반적으로 일정한 맛을 갖고 있는데, 익히 보아온 겉모양을 가진 것이 다른 때와는 다른 맛을 가질 때 그것은 우리의 기대에 대해 심각한 충격이 된다.

우리가 보고 있는 사물은 습관적으로 어떤 촉감적 감각과 결부되고 우리는 이 사물을 만질 때 이러한 감각을 기대한다. (많은 유령 이야기에서) 유령이 무서운 이유 가운데 하나는 촉감적인 감각이 전혀 없다는 것이다. 처음으로 외국에 나가는, 교육받지 못한 사람들은 그들의 국어를 알아듣지 못하는 것을 보고 믿을 수 없을 만큼 놀라게 된다.

그리고 이러한 연상은 인간에 국한되지 않는다. 동물의 경우에도 이러한 연상은 매우 강렬하다. 일정한 길을 자주 달린 말은 다른 방향으로 몰려고 하면 저항한다. 가축은 늘 밥을 주는 사람을 보면 음식을 기대한다. 이러한 제일성(齊一性)에 대한 약간 조잡한 기대는 모두 오해를 일으키기 쉽다는 것을 우리는 알고 있다. 병아리의 생애를 놓고 본다면 병아리에게 매일 모이를 주던 사람이 마침내 모이를 주는 대신 병아리의 목을 비튼다. 병아리로서는 자연의 제일성에 대해 조금은 세련된 견해를 갖는 것이 더 좋았을 것이다.

그러나 이러한 기대가 오해를 일으키기 쉽다 하더라도 이러한 기대는 있는 것이다. 어떤 일이 몇 번 되풀이해서 일어났다는 사실만으로도 동물이나 사람은 이 일이 다시 일어날 것이라고 기대한다. 이처럼 우리는 본능으로 말미암아 내일 해가 뜰 것이라고 믿게 되지만 우리의 처지는 뜻밖에도 목이 비틀린 병아리보다 더 나은 것은 아니다. 그러므로 우리는 과거의 제일성이 미래에 대한 기대를 **일으킨다**는 사실과 이러한 기대의 타당성에 대한 문제가 제기된 다음에도 이러한 기대를 중요시하게 하는 합리적인 근거가 있는가 하는 문제를 구별해야 한다.

우리가 검토해야 할 문제는 이른바 '자연의 제일성'을 믿을 이유가 있는가 하는 것이다. 자연의 제일성에 대한 신념은 일어난, 또는 일어나게 될 모든 일은 어떠한 예외도 **없는** 어떤 일반 법칙의 사례라고 하는 신념이다. 지금까지 생각해온 조잡한 기대는 모두 예외를 갖고 있으므로 이러한 기대를 가졌던 사람들을 실망시키기 쉽다. 그러나 과학은 습관적으로 적어도 작업가설(作業假說)로서 예외를 갖는 일반 규칙은 예외를 갖지 않는 일반 규칙으로 대체할 수 있다고 가정한다. '공중에 뜬 물체는 낙하한다'는 것은 일반 규칙이지만 기구(氣球)나 비행기는 예외다. 그러나 운동 법칙과 중력 법칙은 대부분의 물체가 낙하한다는 사실을 설명하고 또한 기구나 비행기가 뜰 수 있다는 사실을 설명하기도 한다. 이처럼 운동 법칙과 중력 법칙은 이러한 예외에 종속되지 않는다.

내일 해가 뜰 것이라는 신념은 만일 지구가 그 회전을 파괴하는 거대한 물체와 갑자기 접촉하게 된다면 거짓이 될 것이다. 그러나 운동 법칙과 중력 법칙은 이러한 사건에 의해 침해되지는 않을 것이다. 과학의 과제는 우리의 경험이 미치는 한에서 운동 법칙이나 중력 법칙처럼 예외가 없는 제일성을 찾아내는 것이다. 이러한 탐구에서 과학은 현저한 성공을 거두고 있으므로 지금까지는 이러한 제일성이 성립하고 있다고 인정해도 좋을 것이다. 그러나 여기서 우리는 다음과 같은 문제로 되돌아가게 된다. 곧 과거에 있어서 이러한 제일성이 언제나 성립되었다고 가정할 때 이러한 제일성이 미래에도 성립할 것이라고 생각할 이유가 있는가?

미래가 과거와 비슷하다는 것을 알고 있다고 할 만한 이유가 있다고 흔히 말해왔다. 미래였던 것은 끊임없이 과거로 되고 언제나 과거와 비슷하다는 것이 발견되므로 우리는 사실상 미래, 다시 말하면 전에는 미래였던 시간, 이른바 과거의 미래라고 하는 것을 경험하기 때문이다. 그러나 이러한 논의는 사실상 지금 문제가 되고 있는 것 자체를 논거로 삼고 있다. 우리는 과거의 미래를 경험하지만 미래의 미래는 경험하지 못하며, 따라서 문제는 다음과 같다. 곧 미래의 미래는 과거의 미래와 비슷할 것인가? 이 물음에 대해서는 과거의 미래로부터만 출발하는 논의에 의해서는 대답할 수 없다. 그러므로 우리는 아직도 미래가 과거와 같은 법칙을 따르고 있다는 것을 알게 하는 어떤 원칙을 추구하지 않을 수 없다.

이러한 문제에 있어서는 미래에 대한 언급은 본질적인 것이 아니다. 우리의 경험에서 작용하는 법칙을 우리가 경험하지 못한 과

거의 사물에 적용할 때에도—예컨대 지질학이나 태양계의 기원에 대한 이론의 경우—동일한 문제가 제기된다. 우리가 정녕 물어야 할 문제는 '두 가지 일이 흔히 결부되어 발견되고 한쪽이 다른 쪽 없이 일어난 사례가 알려져 있지 않을 때, 새로운 사례에서 둘 중 한 가지 일이 일어나면 다른 일도 일어나리라 기대할 충분한 근거가 되는가?' 하는 것이다. 미래에 대한 우리의 기대 전체, 귀납에 의해 획득되는 결과 전체, 그리고 사실상 실제적으로는 우리의 일상생활의 기초가 되고 있는 신념 전체의 타당성은 이 물음에 대한 우리 대답에 달려 있다.

우선 두 가지 일이 흔히 결부되어 발견되고 떨어져서 발견된 일은 없다는 사실은 그 자체로서 우리가 검토하는 다음번 경우에도 결부되어 발견될 것임을 논증적으로 **증명**하기에 충분하지는 못하다는 것을 인정해야 한다. 우리가 희망할 수 있는 것은 기껏해야 그 일들이 결부되어 발견되는 경우가 많으면 많을수록 다음번에도 함께 발견될 개연성이 그만큼 높아지고 함께 발견되는 경우가 충분히 많으면 그 개연성은 **거의** 확실성에 도달하리라는 것이다. 그러나 완전히 확실성에 도달하는 것은 불가능하다. 목이 비틀린 병아리의 경우처럼 아무리 자주 되풀이되더라도 마침내 어느 때부터는 되풀이되지 않게 된다는 것을 우리는 알고 있기 때문이다. 따라서 우리가 추구해야 할 것은 결국 개연성뿐이다.

우리가 옹호하는 견해에 반대하여 우리는 모든 자연현상이 법칙의 지배를 받는다는 것을 알고 있고 또한 때로는 관찰에 바탕을 두고 오직 하나의 법칙만이 그 경우의 사실에 적합할 수 있으리라는 것을 알 수 있다고 주장할지도 모른다. 그런데 이러한 견해에 대해서는 두 가지 대답이 있다. 첫째로는 가령 예외가 없는 **어떤** 법칙이 우리의 경우에 적용된다 하더라도 실제로는 우리가 발견한 것이 바로 이러한 법칙이고 그 법칙에 어떠한 예외도 없다고 확신할 수는 결코 없다는 것이다. 두 번째로는 법칙의 지배 그 자체가 개연적인 것 같고, 이 법칙이 장래에도 또한 아직 검토되지 않은 과거의 경우에도 지배적일 것이라고 하는 신념도 우리가 검토하고 있는 원리 자체에 바탕을 두고 있다는 것이다.

우리가 검토하고 있는 원리를 귀납 원리라고 부를 수 있고 그 두 부분은 다음과 같이 말할 수 있을 것이다.

(a) A라고 하는 사물이 B라고 하는 사물과 결부되어 발견되고 B라는 사물과 떨어져서 발견된 적이 없다면 A와 B가 결부되어 있는 경우가 많으면 많을수록 그중 하나가 현존한다는 것이 알려진 새로운 경우에 있어서 A와 B가 결부되어 있을 개연성은 그만큼 높아진다.

(b) 동일한 조건 밑에서 결부되어 있는 경우가 충분히 많으면 새로운 결부의 개연성은 거의 확실성에 가깝고 이 개연성은 무한히 확실성에 접근한다.

방금 말한 것처럼 이 원리는 개개의 새로운 사례에 있어서 우리의 기대를 검증(檢證)하는 경우에만 적용된다. 그러나 우리는 결부되어 있는 경우가 충분히 많다는 것이 알려지고 결부되지 않은 경우가 전혀 알려지지 않았다면 A라는 사물과 B라는 사물이 **언제나** 결부되어 있다는 일반 법칙을 위한 개연성도 있다는 것을 알고자 한다. 일반 법칙의 개연성은 개개의 경우의 개연성보다 작다. 일반 법칙이 참이라면 개개의 경우도 참이어야 하지만 한편 개개의 경우는 참이더라도 일반 법칙은 참이 아닌 경우가 있을 수 있기 때문이다. 그럼에도 일반 법칙의 개연성은 특수한 경우의 개연성과 마찬가지로 반복에 의해서 증대된다. 그러므로 우리는 일반 법칙에 대한 우리의 원리의 두 부분을 다음과 같이 바꾸어 말할 수 있다.

(a) A라는 사물이 B라는 사물과 결부되어 발견되는 경우가 많으면 많을수록, (결부되지 않은 경우가 알려지지 않는 한) A가 언제나 B와 결부될 개연성은 그만큼 높아진다.

(b) 동일한 조건 밑에서는 A와 B가 결부되는 경우가 충분히 많으며 A가 언제나 B와 결부된다는 것은 거의 확실하고 이러한 일반 법칙은 무한히 확실성에 접근할 것이다.

개연성은 언제나 어떤 여건과 상관적임을 주목해야 한다. 우리의 경우 이러한 여건은 A와 B가 공존하는 사례가 알려지는 것뿐이다. 그 밖에도 다른 여건이 있어서 이 여건을 고려한다면 그 개연성은 크게 변할지도 모른다. 예컨대 대단히 많은 백조(白鳥)를 본 사람은 우리의 원리에 따라 이러한 여건으로 보아 모든 백조가 희다는 것은 **확실한 것 같다**고 주장할 것이다. 이러한 논법은 완전히 건전한 것 같다.

이 논의는 어떤 백조가 검다는 것에 의해서는 반증되지 않는다.

어떤 사물은 그것을 개연적이 아닌 것으로 만드는 여건이 있다 하더라도 충분히 일어날 수 있기 때문이다. 백조의 경우 우리는, 색깔은 동물의 많은 종류에 있어서 매우 가변적(可變的)인 특징이므로 색깔에 대한 귀납은 특히 오류를 범하기 쉽다는 것을 알고 있을지도 모른다. 그러나 이 지식은 새로운 여건일 수는 있으나 앞에서의 우리의 개연성에 대한 평가가 잘못되었음을 증명하는 것은 결코 아니다. 그러므로 사물이 때때로 우리의 기대를 실현해주지 못한다는 사실이 있더라도 주어진 하나의 경우 또는 주어진 몇몇 경우에 있어서 우리의 기대가 **어쩌면** 실현되지 않을지도 모른다는 증거는 되지 않는다. 이처럼 우리의 귀납 원리는 경험에 호소함으로써 **반증**될 수 있는 것은 아니다.

그러나 귀납 원리가 또한 경험에 호소함으로써 **증명**될 수 있는 것도 아니다. 이미 검토한 경우에 대해서는 경험은 아마도 귀납 원리를 확인할 것이다. 그러나 검토되지 않은 경우에 대해서는 검토된 것에서 검토되지 않은 것을 추리하는 것을 정당화할 수 있는 것은 오직 귀납 원리뿐이다. 미래에 대해 또는 과거나 현재의 아직 경험하지 못한 부분에 대해 경험을 바탕으로 논하는 모든 논의는 귀납 원리를 가정한다. 그러므로 우리는 증명해야 할 것을 미리 논거로 삼지 않고서는 귀납 원리를 증명하기 위해 경험을 이용할 수는 없다. 따라서 우리는 귀납 원리를 그 내재적(內在的) 명증성을 근거로 받아들이거나 아니면 미래에 대한 우리의 기대의 모든 정당화를 포기해야 한다.

귀납 원리가 건전하지 못하다면 내일 해가 뜬다고 기대하거나 빵이 돌보다 더 영양이 있다고 기대하거나 지붕에서 몸을 던지면 떨어질 것이라고 기대할 근거가 없다. 가장 친한 벗이 가까이 오는 모양을 보더라도 그의 마음속에 최악의 적의 마음이나 또는 전혀 낯선 사람의 마음이 깃들어 있지 않다고 생각할 이유가 없다. 우리의 모든 행동은 과거에 효율적이었고 따라서 미래에 있어서도 효율적일 것 같다는 연상에 바탕을 두고 있다. 그리고 이와 같이 미래에 있어서 그럴 것 같다고 하는 것은 그 타당성이 귀납 원리에 달려 있다.

법칙의 지배에 대한 신념이나 모든 사건은 원인을 가져야 한다는 신념 같은 과학의 일반 원리는 일상생활의 원리와 마찬가지로 완전히 귀납 원리에 의거하고 있다. 이러한 모든 일반 원리를 믿는 것은 그것이 진리임을 보여주는 무수한 사례가 발견되고 그것이 허위임을 보여주는 사례는 전혀 발견되지 않았기 때문이다. 그러나 이것이 귀납 원리를 가정하지 않으면 미래에 있어서도 진리일 것이라는 증거는 되지 않는다.

따라서 경험을 기초로 경험하지 않은 것에 대해 가르쳐주는 모든 지식은 경험에 의해 확인될 수도 없고 논파될 수도 없는 신념에 바탕을 두고 있다. 그렇지만 이 신념은 적어도 더욱 구체적으로 적용되는 경우에는 많은 경험적 사실과 마찬가지로 우리 속에 확고하게 뿌리를 내리고 있는 것 같다. 이러한 신념의 존재와 정당화는 —앞으로 보게 될 것처럼 귀납 원리가 유일한 예는 아니므로—

철학의 가장 어렵고 가장 말썽 많은 문제들을 제기한다. 우리는 다음 장에서 이러한 지식을 어떻게 설명할 수 있는가, 그리고 이러한 지식의 범위와 확실성의 정도는 어떠한가를 간단히 고찰하기로 한다.

7

일반 원리에 대한 지식

우리는 앞 장에서 귀납의 원리는 경험에 바탕을 둔 모든 논의의 타당성을 위해 꼭 필요한 것이면서도 그 자체는 경험에 의해 증명될 수 없다는 것, 그러면서도 적어도 이 원리를 구체적으로 적용하는 모든 경우에는 누구나 주저 없이 믿는 것임을 알았다. 이러한 특성을 가진 것은 귀납 원리만은 아니다. 경험에 의해서는 증명될 수도, 반증될 수도 없으나 경험되는 것으로부터 출발하는 논의에서 이용되는 원리는 그 밖에도 많이 있다.

이러한 원리들 중에서 어떤 것은 귀납 원리보다 훨씬 큰 명증성을 갖고 그 지식은 감각소여의 존재에 대한 지식과 마찬가지로 확실성을 갖는다. 이러한 원리들은 감각에 주어진 것으로부터 추리를 하는 여러 수단을 이루는 것이다. 우리가 추리하는 것이 참되어야 한다면 우리의 추리의 원리도 우리의 여건과 마찬가지로 참되어야 한다. 추리의 원리는 그것이 너무나 자명하기 때문에 간과되기 쉽다—여기에 포함된 가정은 가정이라는 것을 깨닫지 못한 채 승인되고 있는 것이다. 그러나 올바른 인식론에 도달하려면 추리의 원리를 사용할 줄 아는 것이 대단히 중요하다. 추리의 원리에 대한 지식은 흥미롭고 곤란한 문제를 제기하기 때문이다.

일반 원리에 대한 모든 지식에 있어서 실제로 일어나는 일은 우선 이 원리를 특수에 적용할 줄 아는 것이고, 다음에는 이러한 특수성은 원리와는 관계가 없다는 것을 알고 어느 경우에나 올바르게 주장할 수 있는 일반성이 있음을 깨닫는 것이다. 말할 것도 없이 이것은 산술을 가르치는 경우에 잘 알 수 있는 일이다. '2+2=4'는 우선 쌍을 이루는 특수한 짝의 경우에서 배우고 다음에는 다른 특수한 경우에서 배우고 그다음에는 또 이렇게 하고…… 마침내 이것은 **어떠한** 쌍을 이루는 짝에 대해서도 참임을 알게 된다. 논리적 원리에서도 같은 일이 일어난다.

두 사람이 오늘이 며칠인가를 토론하고 있다고 하자. 한 사람이 '당신은 적어도 **만일** 어제가 15일이었다면 오늘은 16일임에 틀림없다는 것을 인정할 것이다'라고 말한다. 다른 사람은 '물론 인정한다'고 말한다. 첫 번째 사람은 계속해서 '그리고 당신은 어제가 15일이었다는 것을 알고 있다. 당신은 존스와 식사를 했고 당신의 일기를 보면 그것이 15일에 있었던 일임을 알 수 있기 때문이다.' 두 번째 사람은 '그렇군. 그렇다면 오늘은 16일**이다**'라고 말한다.

그런데 이러한 논의를 따라가는 것은 어렵지 않다. 이 논의의 전제(前提)가 사실상 참이라면 그 결론도 참이라는 것은 아무도 부정하지 못할 것이다. 그러나 이 결론이 참인 것은 그것이 어떤 일반적인 논리적 원리의 사례이기 때문이다. 이 논리적 원리는 다음과 같다. '**만일** 이것이 참이라면 저것도 참이라는 것이 알려졌다고 하자. 또한 이것이 참**이다**는 것이 알려졌다면 저것도 참**이다**라는 귀결이 나온다.' 만일 이것이 진리라면 저것도 참이라는 것이 사실이라면 우리는 이것을 '함축한다(imply)'고 말하고 저것은 '귀결된다(follow from)'고 말한다. 따라서 이 원리가 말하고 있는 것은 만일 이것이 저것을 함축한다면 그리고 이것이 참이라면 저것도 참이라는 것이다. 다시 말하면 '참된 명제에 함축된 것은 참이다.' 또는 '참된 명제에서 귀결되는 것은 참이다.'

이 원리는 사실상 모든 논증에 포함되어 있다 ── 적어도 그 구체적인 사례는 모든 논증에 포함되어 있다. 우리가 믿고 있는 어떤 것이 다른 것을 증명하는 데 이용되고 그 결과로 그것을 믿게 될 때에는 언제나 이 원리와 관계된다. 어떤 사람이 '왜 나는 참된 전제에 근거한 타당한 논증의 결과를 받아들여야 하는가?'라고 묻는다면 우리는 이 원리에 호소함으로써만 대답할 수 있다. 사실상 이 원리가 참되다는 것은 의심할 수 없으며 이 원리는 너무나 자명하기 때문에 얼핏 보기에는 보잘것없는 것 같다. 그러나 이 원리는 철학자에게는 보잘것없는 것이 아니다. 이러한 원리는 감관의 대상에서 결코 이끌어낼 수 없는 확실한 지식이 있을 수 있음을 보여주기 때문이다.

앞에 나온 원리는 많은 자명한 논리적 원리들 가운데 하나에 지나지 않는다. 이러한 원리들 가운데서 적어도 몇 개는 논증이나 증명이 가능하기 전부터 승인되지 않을 수 없는 것이다. 이러한 원리들 중에서 몇 가지가 승인된다면 다른 것들도 증명될 수 있다. 이 다른 원리들도 간단한, 승인된 원리들과 마찬가지로 명백하기는 하지만. 충분한 이유가 있는 것은 아니지만 이러한 원리들 중에서 세 가지가 전통적으로 '사고의 법칙'이라는 이름으로 선발되고 있다.

그것은 다음과 같다.

(1) 동일률(同一律): '존재하는 것은 무엇이든지 존재한다.'

(2) 모순율(矛盾律): '어떤 것이든지 존재하면서 동시에 존재하지 않는다는 것은 불가능하다.'

(3) 배중률(排中律): '어떤' 것이든 존재하든가 존재하지 않든가 해야 한다.'

이 세 법칙은 자명한 논리적 원리의 예들이지만 사실은 그 밖의 다른 비슷한 원리들보다 더 근본적이거나 더 자명한 것은 아니다. 예컨대 방금 우리가 고찰한 원리, 곧 참된 전제에서 귀결된 것은 참되다고 한 것도 이러한 원리 가운데 하나다. '사고의 법칙'이라는 명칭도 오해를 일으키기 쉽다. 중요한 것은 우리가 이러한 법칙에 따라 사고한다는 사실이 아니라 사물이 이러한 법칙에 따라 움직인다는 사실이다. 다시 말하면 우리가 이러한 법칙에 따라 사고할 때 우리의 사고는 **참되다**는 사실이다. 그러나 이것은 커다란 문제이므로 나중에 다시 다루지 않을 수 없다.

주어진 전제에서 어떤 것이 **확실히** 참되다는 것을 증명하게 하는 논리적 원리 외에도 주어진 전제에서 어떤 것이 참되다는 개연성이 적든 많든 간에 존재한다는 것을 증명하게 하는 다른 논리적 원리들도 있다. 이러한 원리의 한 예는—아마 가장 중요한 예지만—앞 장에서 고찰한 귀납의 원리다.

철학의 커다란 역사적 논쟁 가운데 하나는 각기 '경험론자' 및 '합리론자'로 불리는 두 학파 간의 논쟁이다. 경험론자—영국 철학자 로크, 버클리, 흄에 의해 가장 잘 대표된다—는 우리의 모든 지식은 경험에서 나온다고 주장하고 합리론자—17세기 대륙의 철학자들, 특히 데카르트 및 라이프니츠가 대표한다—는 경험에 의해 아는 것 외에도 경험에서 독립하여 인식되는 '본유관념(本有觀念, innate idea)' 및 '본유원리(本有原理, innate principle)'가 있다고 주장한다. 이제 우리는 어떤 확신을 갖고 이 대립되는 학파의 진위(眞僞)를 결정하는 것이 가능하다. 모든 증명은 논리적 원리를 전제하므로 이미 말한 바 있는 이유로 보아 논리적 원리는 우리에게 알려지는 것이고 그 자체가 경험에 의해 증명될 수 없다는 것을 인정하지 않을 수 없다. 그러므로 이러한 점에서는—이것은 이 논쟁에서 가장 중요한 점이지만—합리론자가 옳았다.

한편 경험에서 **논리적으로** 독립된 (경험이 그것을 증명할 수 없다는 의미에서) 지식들도 역시 경험에 의해 이끌어내거나 생긴다. 우리는 특수한 경험을 계기로 해서 일반법칙을 의식하게 되고 특수한 경험의 연관이 일반법칙을 예증(例證)한다. 어른은 알고 있으나 경험한 것에서 연역(演繹)될 수는 없는 모든 것에 대한 지식을 갓난애가 갖고 태어난다는 의미에서 본유 원리가 있다고 생각하는 것은 분명히 불합리할 것이다. 이러한 이유로 말미암아 이제는 논리적 원리에 대한 우리의 지식을 기술하기 위해 '본유'라는 말을 사용해서는 안 될 것이다.

'선천적(先天的, a priori)'이라는 말이 이론(異論)이 적고 오늘날의 저술가들이 더 많이 사용한다. 이렇게 해서 우리는 모든 지식은 경험에 의해 이끌어내어지고 생긴다는 것을 인정하는 한편, 어떤 지식은 **선천적**이라고 주장한다. 이는 우리로 하여금 이러한 지식을 생각하게 하는 경험은 이 지식을 증명하기에는 충분하지 못하며 단지 경험에 의한 증명을 요구하지 않고 그것이 진리임을 이해하도록 우리의 이목을 이끌어간다는 의미에서 하는 말이다.

경험론자들이 합리론자보다 옳았다고 할 수 있는 또 하나의 매우 중요한 문제가 있다. 경험의 도움을 받지 않으면 우리는 어떤 것이 **존재한다**는 것을 전혀 알지 못한다. 다시 말하면 우리가 직접 경험하지 못한 것이 존재한다고 증명하려고 한다면 우리의 전제에는 우리가 직접 경험한 것이 하나, 또는 그 이상 존재해야 한다. 예컨대 중국 황제가 존재한다는 우리의 신념은 증거에 의거하고 있고 이 증거는 최종적 분석에서는 읽거나 말하는 동안에 보거나 들은 감각소여로 이루어져 있다. 합리론자들은 존재**해야 할** 것에 대한 일반적 고찰에서 현실 세계의 이것 또는 저것의 존재를 연역해낼 수 있다고 믿었다. 이 신념에서 그들은 잘못을 저지른 것 같다.

우리가 존재에 대하여 **선천적으로** 획득할 수 있는 모든 지식은 가설적(假設敵)인 것 같다. 이러한 지식이 가르치는 것은 **만일** 어떤 것이 존재한다면 다른 것도 존재해야 한다는 것, 더욱 일반적으로 말하면 **만일** 어떤 명제가 참이라면 다른 명제도 참이어야 한다는 것이다. 이것은 이미 다른 원리에 의해, 예컨대 '**만일** 이것이 참이고 이것이 저것을 함언한다면 저것도 참이다' 또는 '만일 이것과 저것이 되풀이해서 연관되어 발견된다면 이것과 저것은 그중 하나가 발견되는 다음번 경우에도 아마 연관되어 발견될 것이다'는 원리에 의해 예증된다.

이와 같이 **선천적** 원리의 범위와 능력은 엄격히 한정되어 있다. 어떤 것이 존재한다고 하는 모든 지식은 부분적으로는 경험에 의거해야 하는 것이다. 어떤 것이 직접 알려진다면 그 존재는 경험에 의해서만 알려진다. 어떤 것이 직접 알려지지 않고 그 존재가 증명된다면 이 증명에는 경험과 선천적 원리가 모두 요구되지 않을 수 없다. 지식은 그 전부 또는 일부가 경험에 의거할 때 **경험적**이라고 불린다. 따라서 존재를 주장하는 모든 지식은 경험적이다. 존재에 대해 단지 **선천적**일 뿐인 지식은 가설적이며 그것은 존재하거나 존재할지도 모를 것 사이의 관계를 나타내기는 하지만 현실적 존재를 나타내지는 않는다.

선천적 지식은 모두 지금까지 고찰해온 것처럼 논리적인 것은 아니다. 아마도 비논리적인 선천적 지식의 가장 중요한 예는 윤리적 가치에 대한 지식일 것이다. 나는 무엇이 유용한가, 또는 무엇이 유덕(有德)한가 하는 판단에 대해 말하고 있는 것은 아니다. 이러한 판단은 경험적 전제를 요구하기 때문이다. 나는 어떤 것이 본질적으로 바람직한가 하는 판단을 말하고 있는 것이다. 어떤 것이 유용하다면 그것은 어떤 목적을 충족시켜주기 때문에 유용한 것임에 틀림없다. 이 목적을 충분히 검토해본다면 그 자체로서 가치가 있지 단지 그 이상의 목적에 유용하기 때문에 가치가 있는 것은 아니다. 따라서 무엇이 유용한가 하는 데 대한 모든 판단은 그 자체로서 가치를 갖는 판단에 의거한다.

예컨대 우리는 불행보다는 행복이, 무지보다는 지식이, 증오보다는 선의가 더 바람직하다고 판단한다. 이러한 판단은 적어도 부분적으로는 직접적이고 선천적이어야 한다. 앞에서 본 선천적 판단처럼 이 판단도 경험에 의해 **이끌어내어지는** 것일지도 모르고 사실상 이렇게 되어야 하는 것이다. 어떤 것이 본질적으로 가치를 갖는가 하는 판단은 같은 종류의 어떤 것을 우리가 경험하지 않는 한 불가능한 것 같기 때문이다. 그러나 이것이 경험에 의해 증명될 수 없다는 것은 매우 명백하다.

어떤 것이 존재한다, 또는 존재하지 않는다는 사실은 그것이 존재하는 것이 좋다든가 나쁘다든가 하는 것을 증명할 수는 없기 때문이다. 이 문제에 대한 추구는 윤리학에 속하며 윤리학에서는 존재하는 것으로부터 마땅히 존재해야 할 것을 연역하는 것은 불가능하다는 것이 확립되어야 한다. 그러나 현재로서는 무엇이 본질적으로 가치를 갖는가 하는 데 대한 지식은, 논리가 선천적이라는 의미에서, 다시 말하면 이러한 지식의 진리 여부는 경험에 의해서 증명되지도 않고 반증되지도 않는다는 의미에서 선천적이라는 것을 아는 것만이 중요하다.

모든 순수수학은 논리학과 마찬가지로 선천적이다. 경험론자들은 이 점을 격렬하게 부정했는데 그들은 경험이 지리학적 지식의 경우와 마찬가지로 수학적 지식의 원천이라고 주장했다. 그들은 두 개의 사물과 다른 두 개의 사물을 보고 그것을 합치면 넷이 된다는 경험을 되풀이함으로써 우리는 귀납에 의해 두 개의 사물과 다른 두 개의 사물을 합치면 **언제나** 넷이 된다는 결론을 내리게 된다고 주장했다. 그러나 이것이 2+2=4라는 지식의 원천이라면 이것이 진리임을 이해하기 위해서는 우리는 지금 하고 있는 방식과는 다른 방식을 택하지 않을 수 없다.

사실상 두 개의 동전, 두 권의 책, 두 사람, 또는 그 밖의 두 개의 특수한 사물이 아니라 추상적으로 2를 생각하기 위해서는 수많은 사례가 필요하다. 그러나 우리의 사고에서 불필요한 특수성을 박탈할 수 있게 되면 곧 우리는 2+2=4라는 일반 원리를 **파악**할 수 있게 된다. 어떤 한 사례가 **전형적**인 것으로 생각되고 다른 사례들의 검토는 불필요해지는 것이다.[1]

---

1   A. N. Whitehead, *Introduction to Mathematics* 참조.

같은 예는 기하학에서도 볼 수 있다. **모든** 삼각형에 공통되는 성질을 증명하려고 한다면 우리는 어떤 삼각형을 하나 그려놓고 이에 대해 추리한다. 그러나 다른 모든 삼각형에 공통되지 않는 성질의 이용은 회피할 수 있고 따라서 특수한 경우로부터 일반적 결과를 얻는다. 사실상 우리는 2+2=4라는 데 대한 확실성이 새로운 사례에 의해 증대된다고 느끼지는 않는다.

이 명제가 진리임을 알게 되자마자 그 확실성은 더 커질 수 없을 만큼 커지기 때문이다. 게다가 우리는 '2+2=4'라는 명제에 대해 일종의 **필연성**을 느끼는데 이러한 필연성은 가장 잘 증명된 경험적 일반화[*]에도 없는 것이다. 이러한 일반화는 언제나 단순한 사실에 지나지 않는다. 우리는 어쩌면 현실 세계에서는 어쩌다가 참이 되었으나 이러한 일반화가 거짓이 되는 세계가 있을지도 모른다고 느낀다. 반대로 어떠한 세계가 가능하든 2+2는 4일 것이라고 느낀다. 이것은 단순한 사실이 아니라 현실적인 모든 것과 가능한 모든 것이 따라야 할 필연성이다.

이 점은 '모든 사람은 죽는다'는 순수한 경험적 일반화를 고찰해보면 더욱 분명해진다. 첫째는 어떤 연령 이상으로 오래 산 사람의 예가 알려지지 않았기 때문에, 둘째는 인간의 신체 같은 유기체는 조만간에 못쓰게 된다고 생각할 생리학적 근거가 있는 것 같기 때문에 우리가 이 명제를 믿는다는 것은 분명하다. 두 번째 이

---

[*] 경험적 법칙은 이러한 일반화의 결과다.

유는 무시하고 단지 인간의 죽어야 할 운명에 대한 경험만을 보더라도 우리가 한 사람이 죽었다는 아주 명백하게 이해된 한 가지 사례만으로는 만족하지 못한다는 것은 분명하다. 그러나 '2+2=4'의 경우에는 조심스럽게 고찰한다면 똑같은 일이 어느 다른 경우에도 일어나지 않을 수 없다는 것을 이해하기 위해 한 가지 예로 충분하다.

또한 반성해보면 **모든** 사람이 죽는다는 데 대해서는 비록 사소하기는 하지만 약간의 의심이 가능함을 인정하지 않을 수 없다. 이것은 두 개의 세계, 곧 죽지 않는 인간만이 사는 세계와 2+2가 5가 되는 세계를 상상해보려고 하면 분명해진다. 스위프트가 결코 죽지 않는 스트럴드브러그*라는 종족을 생각해보라고 할 때 우리는 상상 속에서는 이를 묵인할 수 있다. 그러나 2+2=5가 되는 세계는 전혀 차원이 다른 것 같다. 이러한 세계가 있다면 이러한 세계는 우리의 지식의 조직 전체를 뒤집어엎고 우리를 극단적인 회의에 빠지게 할 것이라고 우리는 느끼는 것이다.

'2+2=4' 같은 단순한 수학적 판단이나 논리학의 많은 판단에서는 일반 명제의 의미를 분명히 하기 위해 보통은 어떤 사례가 필요하지만 우리가 사례에서 추리하지 않고서도 일반적 명제를 알 수 있다는 것도 사실이다. 여기에 일반에서 일반으로, 또는 일반에서 특수로 나가는 **연역**의 과정이 특수에서 특수로, 또는 특수에서 일

---

* 스위프트의 《걸리버 여행기》에 나오는 종족으로 불사(不死)의 저주를 받아 30살까지는 보통 사람과 똑같이 살지만 그 후부터는 산송장 같은 생활을 보낸다.

반으로 나가는 **귀납**의 과정과 마찬가지로 참된 유용성을 갖는다고 하는 이유가 있다. 연역법이 **새로운** 지식을 주는가에 대한 철학자들의 논쟁은 오래전부터 있어온 논쟁이다.

이제 우리는 적어도 어떤 경우에는 연역법이 새로운 지식을 제공한다는 것을 알 수 있다. 2+2는 언제나 4라는 것을 이미 알고 있다면 그리고 브라운과 존스가 두 사람이고 로빈슨과 스미스가 두 사람이라는 것을 알고 있다면 우리는 브라운과 존스와 로빈슨과 스미스는 네 사람이라고 연역할 수 있는 것이다. 이것은 전제에는 포함되어 있지 않던 새로운 지식이다. '2+2=4'라는 일반 명제는 결코 브라운과 존스와 로빈슨과 스미스 같은 사람들이 있다는 것을 가르쳐주지 않고 그 특수한 전제들도 이러한 네 사람이 있다는 것을 가르쳐주지 않기 때문이다. 그런데 연역된 특수한 명제는 이러한 두 가지 일을 가르쳐주는 것이다.

그러나 논리학 책에 언제나 나오는 연역법의 상투적인 예, 다시 말해 '모든 사람은 죽는다. 소크라테스는 사람이다. 그러므로 소크라테스는 죽는다'는 예를 본다면 이 지식의 새로움은 앞의 예보다 덜 확실하다. 이 경우 우리가 사실상 아무런 의심도 없이 알고 있는 어떤 사람들, 곧 A, B, C는 죽지 않을 수 없었다는 것이다. 그들은 사실상 죽었기 때문이다. 만일 소크라테스가 이들 중 하나라면 **어쩌면** 소크라테스도 죽을 것이라는 결론에 도달하기 위해 모든 사람은 죽는다고 우회하는 것은 어리석다. 만일 소크라테스가 앞의 귀납의 기초가 된 사람들의 하나가 아니라 하더라도 역시

'모든 사람은 죽는다'는 일반 명제에 의해 우회하는 것보다는 A, B, C라는 사람들에게서 직접 소크라테스로 논의를 진전시키는 것이 낫다.

우리의 여건으로 본다면 소크라테스가 죽는다는 개연성은 모든 사람이 죽는다는 개연성보다 크기 때문이다(모든 사람이 죽는다면 소크라테스도 죽지만 소크라테스가 죽는다 하더라도 여기서 모든 사람이 죽는다는 귀결은 나오지 않기 때문에 이것은 분명하다). 그러므로 우리는 '모든 사람은 죽는다'는 길을 거쳐 연역법을 사용하는 것보다는 순수하게 귀납적으로 논의를 진전시킴으로써 더욱 확실하게 소크라테스는 죽는다는 결론에 도달할 수 있을 것이다. 여기서 '2+2=4'라는 선천적으로 인식되는 일반 명제와 '모든 사람은 죽는다'는 경험적 일반화의 차이가 분명해진다. 전자의 경우, 연역법은 올바른 논의의 방식이고 후자의 경우는 귀납법은 언제나 이론적으로 바람직하고 우리의 결론의 진리 여부에 대해서도 더 많은 신뢰를 보증한다. 모든 경험적 일반화는 개개의 사례들보다 더욱 불확실하기 때문이다.

이제 우리는 선천적으로 인식되는 명제가 있으며 논리학 및 순수수학의 명제와 윤리학의 기본 명제가 여기에 속한다는 것을 알았다. 다음에 우리가 다루어야 할 문제는 다음과 같다. 곧 이러한 지식은 어떻게 해서 있을 수 있는가? 더욱 자세히 말하면 모든 사례를 검토한 것도 아니고 또한 사실상 이러한 사례는 무한하기 때문에 이러한 사례를 전부 검토한다는 것은 절대로 불가능한 경우에 어떻게 일반 명제에 대한 지식이 있을 수 있는가? 이 문제는 독일 철학자 칸트(I. Kant, 1724~1804)가 처음으로 분명하게 제기한 것으로 매우 어렵고 역사적으로 매우 중요한 문제다.

8
어떻게 선천적
지식이 가능한가

임마누엘 칸트는 일반적으로 근대 철학자 중에서 가장 위대한 철학자로 인정받고 있다. 그의 생애를 통해 7년 전쟁과 프랑스혁명을 겪었으나 동(東)프로이센의 쾨니히스베르크에서의 그의 철학 강의는 한 번도 중단되지 않았다. 그의 가장 현저한 공헌은 이른바 '비판'철학을 처음으로 시작한 것인데, 비판철학은 여러 종류의 지식이 있음을 여건으로 전제하고, 이러한 지식이 어떻게 가능한가를 탐구하고, 이러한 탐구에 대한 대답에서 세계의 본성에 대한 많은 형이상학적 결론을 연역한 것이었다.

이러한 결론이 타당한가 하는 것은 의심스럽다. 그러나 칸트는 다음과 같은 두 가지 점에서는 분명히 믿을 만하다. 곧 첫째로 순수하게 '분석적인', 다시 말하면 그 반대는 자기모순을 일으키는 선천적 지식이 있다는 것을 인정한 점, 둘째로 인식론의 철학적 중요성을 명백히 한 점이다.

칸트 시대 이전에는 어떠한 지식이든 선천적인 것은 모두 '분석적'이어야 한다고 일반적으로 주장되었다. '분석적'이라는 말의 의미는 예를 통해 가장 잘 설명될 수 있다. 내가 '대머리가 된 사람은 사람이다', '평면도형(平面圖形)은 도형이다', '나쁜 시인은 시인이다'라고 말한다면 나는 순수하게 분석적인 판단을 하고 있다. 여기서 주제가 되고 있는 주어는 적어도 두 가지 성질을 가지며 그중에서 하나는 주어에 대해 주장하기 위해 선발된다. 앞에서 말한 명제는 사소하며 따라서 궤변을 늘어놓으려는 변론가(辯論家)가 아니라면 실제 생활에서는 이런 말을 하는 사람은 한 명도 없을 것이다. 이러한 명제는 단지 주어를 분석함으로써 그 술어를 얻을 수 있기 때문에 '분석적'이라고 불린다.

칸트 시대 이전에는 우리가 선천적인 것이라고 확신할 수 있는 판단은 모두 이러한 종류의 판단이라고 생각했다. 다시 말하면 이러한 판단에 있어서는 어느 경우에나 그 주어의 일부에 지나지 않는 술어가 주어에 대해 주장되는 것이다. 만일 그렇다면, 선천적으로 인식될 수 있는 어떤 것을 부정하려고 하는 경우 우리는 분명히 모순에 빠지게 된다. '대머리가 된 사람은 대머리가 아니다'라고 한다면 동일한 사람에 대해 대머리라고 주장하면서 동시에 대머리가 아니라고 부정하게 되므로 자기모순을 일으킬 것이다. 그러므로 칸트 이전의 철학자들에 따르면 어떠한 것이든 어떤 성질을 가지면서 동시에 갖지 않을 수는 없다고 주장하는 모순율만으로도 선천적 지식이 진리라는 것이 확립된다.

칸트에 앞서 흄(D. Hume, 1711~1776)은 무엇이 지식을 선천적인 것으로 만드는가 하는 점에서는 일반적 견해를 받아들이면서 지금까지 분석적이라고 생각되던 많은 경우에 있어서, 특히 원인과 결과의 경우에 있어서 주어와 술어의 결합은 사실상 종합적임을 알아냈다. 흄 이전에는 적어도 합리론자들은 우리가 충분한 지식만 갖는다면 결과는 원인으로부터 논리적으로 연역될 수 있다고 생각했다. 흄은—오늘날 일반적으로 인정되고 있는 바와 같이 올바르게도—이것이 불가능하다고 논증했다. 여기서 그는 원인과 결과의 결합에 대해서는 선천적으로 인식되는 것은 아무것도 없다는, 훨씬 회의적인 명제를 추리했다.

합리론적인 전통 밑에서 교육받은 칸트는 흄의 회의주의에 의해 심한 혼란을 일으키고 이에 대한 대답을 찾아내려고 노력했다. 그는 원인과 결과의 결합만이 아니라 대수나 기하학의 모든 명제가 '종합적', 곧 분석적이 아님을 알았다. 이러한 모든 명제에서는 아무리 주어를 분석해도 술어는 발견되지 않는다. 거의 상투적인 예는 7+5=12라는 명제였다. 그는 12를 얻기 위해서는 7과 5를 합해야 한다는 것, 곧 12라는 관념은 7과 5 어느 쪽에도 포함되어 있지 않다는 것을 지적했고 이것은 매우 올바른 지적이었다. 따라서 그는 모든 순수수학은 비록 선천적이기는 하지만 종합적이라는 결론을 내리게 되었다. 그런데 이러한 결론으로부터 그가 해결을 찾아내려고 노력한 새로운 문제가 제기되었다.

칸트가 그의 철학의 서두에서 제기한 문제, 곧 '어떻게 순수수학이 가능한가' 하는 문제는 흥미로우면서도 어려운 문제이며, 이 문제에 대해서는 전적으로 회의적이지 않은 철학은 어떤 철학이든 어떤 대답을 찾아내지 않으면 안 된다. 이미 본 것처럼 수학적 지식은 특수한 사례로부터 귀납에 의해 생긴다고 하는 순수한 경험론자의 대답은 적합하지 못하다. 그 두 가지 이유는 다음과 같다. 첫째로 귀납 원리 자체의 타당성은 귀납에 의해서는 증명될 수 없다는 것이고, 둘째는 '2+2는 언제나 4다'라는 수학의 일반 명제는 단일한 사례를 고찰해도 확실하게 알 수 있으므로 그것이 진리임을 보여주는 다른 사례를 열거해도 소용이 없다는 것이다. 그러므로 수학의 일반 명제에 대한 우리의 지식은 '모든 사람은 죽는다'는 경험적 일반화에 대한 (단지 개연적일 뿐인) 지식과는 다른 방식으로 설명되어야 할 것이다(이것이 논리학에도 그대로 해당된다).

모든 경험은 특수한데도 이러한 지식이 일반적이라는 사실에서 문제가 생긴다. 우리가 아직 경험하지 못한 특수한 사물에 대해 미리 어떤 진리를 알 수 있다는 사실이 분명하다고 여겨지는 것은 이상하게 보인다. 그러나 논리학이나 수학이 아직 경험하지 못한 사물에 적용된다는 것은 의심하기 어렵다. 우리는 앞으로 백 년 후의 런던 주민들이 어떤 사람들일 것인지 알지 못한다. 그러나 백 년 후의 런던 주민 중에서 임의의 두 사람과 또 다른 두 사람을 합하면 네 사람이 될 것임을 알고 있다.

이처럼 우리가 경험하지 못한 사물에 대해 미리 알 수 있는 분명한 능력은 확실히 놀라운 것이다. 이 문제에 대한 칸트의 해결은 내 의견으로는 타당하지는 않지만 흥미롭다. 그러나 이것은 매우 어렵고 철학자들에 따라 다르게 이해되고 있다. 그러므로 우리는 칸트의 해결에 대해 단지 윤곽을 말할 수 있을 뿐이고 그나마도 칸트 체계의 다양한 해설자들에 의해 오해를 일으키기 쉬운 것으로 생각될 것이다.

칸트가 주장한 것은 우리의 모든 경험에서는 두 가지 요소, 곧 하나의 대상(다시 말하면 우리가 '물질적 대상'이라고 부른 것)으로부터 말미암는 요소를 구별해야 한다는 것이었다. 우리는 물질과 감각소여를 검토하면서 물질적 대상은 감각소여의 결합과는 다르고, 감각소여는 우리 자신의 상호작용에서 생기는 것으로 보아야 한다는 것을 알았다.

여기까지는 우리도 칸트에 동의한다. 그러나 칸트에게서 특징적인 것은 우리 자신과 물질적 대상의 역할을 각기 나누려고 하는 방식이다. 그는 감각에 주어지는 생경한 재료 — 색깔, 딱딱함 등 — 는 대상으로부터 말미암는 것이고 우리가 제공하는 것은 시간과 공간에 있어서의 배열 및 감각소여 사이의 모든 관계, 곧 비교로부터, 또는 하나를 다른 것의 원인이라고 봄으로써 생기는 감각소여 사이의 관계라고 생각한다. 우리는 시간 및 공간, 인과관계, 비교 등에 대해서는 선천적 지식을 갖지만 감각의 현실적인 생경한 재료에 대해서는 그렇지 않다는 것을 주요한 이유로 삼아 그에게 이렇게 주장한다. 우리가 경험하게 될 것은 어느 것이나 그것에 대해 확언되는 여러 특징을 우리의 선천적 지식에 보여주어야 한다고 우리는 확신할 수 있다고 그는 말한다. 왜냐하면 이러한 특징들은 우리의 본성에서 말미암는 것이고 따라서 이러한 특징을 갖지 않고는 어떠한 것도 우리의 경험에 들어올 수 없기 때문이라는 것이다.

물질적 대상—그는 이것을 '물자체(物自體)'[2]라고 부른다—을 그는 본질적으로 알 수 없는 것이라고 생각한다. 알 수 있는 것은 우리가 경험하는 대상이며 그는 이것을 '현상(現象)'이라고 부른다. 현상은 우리와 물자체의 공동의 산물이므로 우리들로부터 말미암는 특성들을 분명히 가지며 따라서 우리의 선천적 지식에 분명히 적합하다. 따라서 선천적 지식은 모든 현실적이고 가능한 경험에 대해 참된 것이지만 경험 이외의 것에도 적용된다고 생각되어서는 안 된다. 이처럼 선천적 지식이 존재함에도 우리는 물자체에 대해서는 경험의 현실적 또는 가능한 대상이 아닌 것에 대해서는 전혀 알 수 없다. 그는 이러한 방식으로 합리론자의 주장과 경험론자의 논의를 절충하고 조화시키려고 한다.

칸트 철학을 비판하는 작은 논거는 제쳐놓더라도 그의 방법에 의해 선천적 지식의 문제를 다루려고 하는 시도에 대해서는 치명적인 듯한 하나의 주요한 반대가 있다. 지금 여기서는 사실은 논리 및

---

2 칸트의 '물자체'는 정의(定義)에 있어서는 물질적 대상과 같다. 다시 말하면 감각의 원인이다. 그러나 이러한 정의로부터 연역되는 성질들은 같지 않다. 칸트는 (원인에 대해서 어떤 부정합성(不整合性)이 있음에도) '물자체'에 대해서는 어떠한 범주도 적용되지 않는다고 주장했기 때문이다.

수학에 언제나 적합해야 한다는 우리의 확신이 설명되어야 한다. 논리와 수학이 우리들에 의해 기여된 것이라고 말하는 것은 이에 대한 설명으로 적합하지 않다. 우리의 본성은 다른 것과 마찬가지로 현존하는 세계의 한 사실이므로 우리의 본성이 변하지 않으리라는 확실성은 있을 수 없다.

칸트가 옳다면 내일은 2+2=5가 되도록 우리의 본성이 변할지도 모른다. 그의 생각은 이러한 가능성에는 미치지 못한 것 같지만 이것은 그가 열심히 수학적 명제를 위해 옹호한 확실성과 보편성을 전적으로 파괴하는 가능성이다. 형식적으로 말하면 이 가능성은 시간 자체가 주관에 의해 현상에 주어지는 형식이고 따라서 우리의 실재하는 '자아'는 시간 속에 있는 것이 아니고, 내일이라는 것이 없다고 하는 칸트의 견해와 어긋난다는 것은 사실이다. 그러나 그는 역시 현상의 시간적 순서는 현상을 넘어서 있는 것의 특징에 의해 결정된다는 점을 생각해야 하고 이것만으로도 우리의 논의의 실질은 충분히 유지된다.

게다가 반성해본다면 우리의 수학에 대한 신념에 어떤 진리가 있는 경우 이 신념은 우리가 그것을 생각하든 않든 사물에 한결같이 적용되어야 한다는 것은 분명한 것 같다. 물질적 대상은 경험할 수 없다 하더라도 두 개의 물질적 대상과 다른 두 개의 물질적 대상을 합하면 네 개의 물질적 대상이 되어야 하는 것이다. 이렇게 주장하는 것은 확실히 우리가 2+2=4라고 말하는 경우에 의미하는 범위 내에 속한다. 이것이 진리임은 두 현상에 두 현상을 더하면 네 현상이 된다는 주장이 진리인 것과 마찬가지로 의심할 수 없다. 따라서 칸트의 해결은 선천적 명제의 확실성을 설명하는 데 실패했을 뿐 아니라 선천적 명제의 범위를 부당하게 제한한다.

칸트가 주창하는 특수한 이론과는 다르더라도 선천적인 것을 어떤 의미에서는 정신적인 것이라고 보고, 외부 세계의 사실보다는 우리가 그렇게 생각하지 않을 수 없는 사고방식과 관계가 있다고 보는 것은 철학자 사이에서는 흔히 있는 일이다. 앞 장에서 우리는 보통 '사고의 법칙'이라고 불리는 세 법칙을 살펴보았다. 이러한 명칭을 부여하게 한 견해는 자연스러운 것이지만 이것이 잘못이라고 생각할 강력한 이유가 있다.

모순율을 예로 들어 보자. 이것은 보통 '어떤 것이든 존재하면서 동시에 존재하지 않는다는 것은 불가능하다'는 형식으로 표현되는데, 이것은 어떤 것도 주어진 성질을 가지면서 동시에 갖지 않는다는 것은 불가능하다는 사실을 표현하려고 하는 것이다. 따라서 예컨대 어떤 나무가 너도밤나무라면 이 나무가 동시에 너도밤나무가 아니라는 것은 불가능하며, 내 책상이 구형이라면 이 책상이 동시에 구형이 아니라는 것은 불가능하다.

그런데 이 원리를 사고의 법칙이라고 부르는 것이 자연스러운 것은 외부적 관찰에 의해서보다는 오히려 사고에 의해서 우리는 이것이 반드시 참이라고 확신하게 되기 때문이다. 어떤 나무가 너도밤나무라는 것을 알면 우리는 이 나무가 동시에 너도밤나무가 아닌지를 확인하기 위해 다시 한 번 바라볼 필요는 없다.

사고만으로도 우리는 이것이 불가능하다는 것을 알 수 있다. 그렇지만 모순율이 '사고'의 법칙이라고 하는 결론은 잘못이다. 우리가 모순율을 믿을 때, 믿는 것은 정신이 모순율을 믿지 않으면 안 되도록 되어 있기 때문은 아닌 것이다. 이 신념은 그다음의 심리적 반성에서 생기는 결과이며 이러한 반성은 모순율에 대한 신념을 전제한다. 모순율에 대한 신념은 사고에 대한 신념이 아니라 사물에 대한 신념이다. 예컨대 어떤 나무가 너도밤나무라고 우리가 **생각**한다면 동시에 너도밤나무가 아니라고 **생각**할 수 없다는 신념이 아니라, 어떤 나무가 너도밤나무라면 그것은 동시에 너도밤나무가 아닐 수는 없다는 신념이다.

이처럼 모순율은 단지 사고에 대한 것이 아니라 사물에 대한 것이다. 또한 모순율에 대한 신념은 사고이지만 모순율 자체는 사고가 아니라 세계의 사물에 대한 사실이다. 모순율을 믿을 때 우리가 믿는 것이 세계의 사물에 대해 참이 아니라면, 우리가 모순율을 참이라고 **생각**하지 않을 수 없다는 사실은 모순율이 거짓이 아님을 보증하지는 못한다. 그리고 이것은 이 법칙이 '사고'의 법칙이 아님을 보여준다.

비슷한 논법이 다른 선천적 판단에도 적용된다. 2+2=4라고 판단할 때 우리는 우리의 사고에 대해 판단하는 것이 아니라 모든 현실적인, 또한 가능한 쌍에 대해 판단하는 것이다. 우리의 정신이 2+2=4라고 믿도록 되어 있는 것은 사실이지만 이러한 사실은 2+2=4라고 주장할 때 우리가 주장하는 것은 결코 아니다. 또한 우리의 정신의 구성과 관련된 어떠한 사실도 2+2=4라는 것을 참된 것으로 만들지는 못한다. 따라서 선천적 지식은, 그것이 잘못이 아니라면, 우리의 정신의 구성에 대한 지식이 아니라 정신적인 것이든 비정신적인 것이든 세계에 포함될 수 있는 모든 것에 적용된다.

우리의 모든 선천적 지식은 정확히 말한다면 정신적 세계에도 물질적 세계에도 **존재**하지 않는 실재물(實在物)과 관계된다. 이러한 실재물은 명사적(名詞的)인 것이 아닌 품사에 의해 지명될 수 있는 것으로 성질과 관계 같은 실재물을 말한다.

예컨대 내가 내 방에 있다고 생각해보자. 나는 존재하고 나의 방도 존재한다. 그러나 '안에'라는 것이 존재하는가? 그런데 '안에'라는 것은 분명히 의미를 갖는다. 이것은 나와 나의 방 사이에 성립하는 관계를 지시한다. 이 관계는 나와 내 방이 존재한다는 것과 **같은 의미에서** 존재한다고 할 수는 없지만 어떤 것임에는 틀림없다. '안에'라는 관계는 우리가 그것에 대해 사고할 수 있고 이해할 수 있는 것이다. 만일 이해할 수 없다면 우리는 '나는 방 안에 있다'는 문장을 이해할 수 없을 것이기 때문이다. 많은 철학자들은 칸트에 따라서 관계는 정신의 작용이고 물자체는 관계를 갖지 않지만 정신은 사고의 한 작용에 있어서 물자체를 결합함으로써 관계 ― 정신이 갖지 않으면 안 된다고 판단하는 것 ― 를 산출한다고 주장해왔다.

그러나 이러한 견해에 대해서는 우리는 앞에서 칸트를 반박한 것과 마찬가지로 반박할 수 있을 것 같다. '나는 내 방 안에 있다'는 명제를 진리로 만드는 것은 사고가 아님은 분명하다. 집게벌레가 내 방 안에 있다는 것은 나나 집게벌레나 그 밖의 다른 사람이 이러한 진리를 의식하지 않더라도 참일 것이다. 이 진리는 오직 집게벌레와 방에만 관계되고 그 밖의 어떤 것에도 의존하지 않기 때문이다. 따라서 관계는, 다음 장에서 더 자세하게 고찰하겠지만, 정신적인 것도 물질적인 것도 아닌 세계에 놓여 있지 않으면 안 된다. 이 세계는 철학에 대해서는, 특히 선천적 지식의 문제에 대해서는 매우 중요하다. 다음 장에서는 더 나아가 이러한 세계의 본성과 우리가 지금까지 다루어온 여러 문제들과의 관련을 보기로 한다.

9
보편의 세계

앞 장의 끝에서 우리는 관계와 같은 실재물은 물질적 대상의 존재와는 다른 존재 방식을 가지며 또한 정신의 존재나 감각소여의 존재와도 다른 존재 방식을 갖는다는 것을 알았다. 이 장에서는 이러한 존재의 본성은 무엇이며 이러한 존재 방식을 가진 대상들은 어떠한 것인가를 고찰하기로 한다. 이러한 존재 방식을 가진 것이 어떠한 것인가 하는 문제부터 고찰하기로 하자.

우리가 다루고 있는 문제는 매우 오래된 문제다. 이 문제는 플라톤(Platon, 기원전 428/427~348/347)에 의해 철학에서 제기되었기 때문이다. 플라톤의 '이데아론'은 바로 이 문제를 해결하려는 시도였으며 내 생각으로는 지금까지의 시도 중 가장 성공적인 시도다. 앞으로 밀하게 될 이론은 주로 플라톤의 이론이며 다만 시간의 흐름에 따라 꼭 필요하다고 밝혀진 몇 가지 수정을 첨가했을 뿐이다.

플라톤의 경우 이 문제는 다음과 같은 방식으로 제기되었다. 예컨대 정의(正義)라는 개념을 생각해보자. 정의가 무엇이냐고 질문을 던진다면 이러저러한 여러 가지 정의로운 행위를 우선 생각하고 여기서 공통된 것이 무엇인가를 발견하려고 한다. 이러한 행위는 모두 어떤 의미에서는 정의로운 것에서만 볼 수 있고 그렇지 않은 것에서는 볼 수 없는 공통된 성질을 분유(分有)해야 한다. 이 성질로 말미암아 이러한 행위는 모두 정의롭거니와, 공통된 성질은 정의 그 자체일 것이고 일상생활의 사실과 섞여서 다양한 정의의 행위를 산출하는 정의의 순수한 본질일 것이다.

공통된 사실에 적용될 수 있는 다른 말들, 예컨대 '희다'는 것에 대해서도 같은 말을 할 수 있다. 이러한 말이 특수한 많은 사물에 적용될 수 있는 것은 이 사물들이 모두 공통된 성질 또는 본질을 분유하고 있기 때문이다. 이러한 순수한 본질을 플라톤은 '이데아(idea)' 또는 '형상(形相)'이라고 부른다('이데아'는 플라톤이 말하는 의미에서는 정신에 의해 파악되는 것이기도 하지만 정신 속에 존재한다고 생각해서는 안 된다). **정의**라는 '이데아'는 정의로운 것과는 결코 같지 않다. 그것은 특수한 사물과는 다른 것, 특수한 사물이 분유하는 것이다. 그것은 특수한 것이 아니므로 감관의 세계에 존재할 수 없다. 또한 그것은 감관의 사실처럼 유동적(流動的)이고 가변적(可變的)인 것은 아니다. 그것은 영원히 그 자체이고 부동(不動)이고 파괴할 수 없는 것이다.

이처럼 플라톤은 통상적 감관의 세계보다 더 실재적인 초감각적인 세계, 이데아의 불변의 세계에 도달하며 이 세계만이 감관의 세계에 실재의 반영을 주고 실재의 반영은 아무리 희미하더라도 이 세계에 속한다.

플라톤의 경우 참으로 실재하는 세계는 이데아의 세계다. 감관의 세계의 사물에 대해 무엇인가 말하려고 하면 우리는 그 사물이 이러이러한 이데아를 분유한다고 말할 수 있을 뿐이고 따라서 이러한 이데아는 사물의 모든 특성을 구성하는 것이기 때문이다. 그러므로 신비주의로 흐르는 것은 쉬운 일이다. 우리는 신비의 빛 속에서 마치 감관의 대상을 보듯이 이데아를 **보기**를 희망할 수 있고 이데아는 하늘에 존재한다고 상상할 수 있을 것이다. 이러한 신비주의적인 전개는 매우 자연스럽지만 이 이론의 기초는 논리학에 있으며 우리는 논리학에 기초를 두고 있는 것으로서 이데아를 고찰하지 않으면 안 된다.

'이데아'라는 말은 시간이 지남에 따라 많은 연상(聯想)을 갖게 되고 이러한 연상이 플라톤의 '이데아'에 적용될 때 오해를 일으키기 쉽다. 그러므로 우리는 플라톤이 의미한 바를 말하기 위해 '이데아'라는 말 대신 '보편'이라는 말을 쓰기로 한다. 플라톤이 말하는 실재물의 본질은 감각에 주어지는 특수한 사물과 대립되는 것이다. 우리는 감각에 주어지는 것, 또는 감각에 주어지는 것과 같은 성질을 가진 것을 **특수**라고 말하기로 한다. 특수에 대해 **보편**은 많은 특수에 의해 분유되고 이미 말한 것처럼 '정의'와 '희다'는 것을 정의로운 행위와 흰 것으로부터 구별하는 특성을 가지고 있다.

보통의 말을 검토해보면 일반적으로 말해서 고유명사는 특수를 나타내고 그 밖의 명사, 형용사, 전치사, 동사는 보편을 나타낸다는 것을 알 수 있다. 대명사는 특수를 나타내지만 다의적이다. 대명사가 어떤 특수를 나타내는가 하는 것은 그 맥락이나 사정에 의해서만 알 수 있다. 지금이라는 말은 특수, 곧 현재의 순간을 나타내지만 대명사와 마찬가지로 이 말이 나타내는 것은 다의적인 특수다. 현재는 항상 변하고 있는 것이기 때문이다.

보편을 지시하는 말이 적어도 하나가 있지 않으면 어떠한 문장도 성립될 수 없다는 것은 쉽게 알 수 있다.

보편을 지시하는 말이 없는 문장에 가장 가까운 것은 '나는 이것을 좋아한다'는 명제일 것이다. 그러나 여기서도 '좋아한다'는 말은 보편을 지시한다. 나는 다른 것을 좋아할 수도 있고 다른 사람도 여러 가지 것을 좋아할 수 있기 때문이다. 이처럼 모든 진리에는 보편이 포함되고 진리에 대한 지식에는 보편에 대한 직접지가 포함된다.

사전에 나오는 거의 모든 말이 보편을 나타낸다는 것을 안다면 철학자 이외에는 보편이라는 실재물이 있는 것을 깨달은 사람이 별로 없다는 것은 이상하다. 우리는 마치 당연한 듯이 문장에서 특수를 나타내지 않는 말에는 주의를 기울이지 않는다. 만일 보편을 나타내는 말에 주의를 기울이지 않을 수 없게 되면 우리는 당연한 것처럼 이 말이 보편에 포섭되는 특수 가운데 하나를 나타낸다고 생각한다. 예컨대 '찰스 1세는 목이 잘렸다'는 문장을 들을 때 우리는 아주 당연한 듯이 찰스 1세, 찰스 1세의 목, **그의** 목을 자르는 동작을 생각하기 쉽지만 이러한 모든 것은 특수다.

그러나 우리는 당연한 듯이 '머리'라는 말이나 '자른다'는 말이 의미하는 것 — 이것은 보편이다 — 에는 주의를 기울이지 않는다. 우리는 이러한 말은 불완전하고 실체(實體)가 없는 것이라고 느낀다. 이러한 말들을 사용하려면 그전에 어떤 맥락이 요구되는 것 같다. 그러므로 철학적 연구가 보편에 주의하도록 만들기 전까지는 우리는 보편 자체에는 전혀 주의를 기울이지 않고 있었다.

개략적으로 말하면 철학자 사이에서도 형용사나 명사에 의해 지시되는 보편만이 대체로 또 흔히 인정되고, 보통 동사와 전치사에 의해 지시되는 보편은 간과되었다고 말할 수 있다. 이와 같이 간과한 것은 철학에 매우 중대한 영향을 미쳤다. 스피노자(B. Spinoza, 1632~1677) 이후 대부분의 형이상학이 이러한 간과에 의해 규정되었다고 말해도 과언은 아닐 것이다. 어떻게 해서 이런 일이 일어나는가를 대충 말하면 다음과 같다. 일반적으로 말하면 형용사와 보통명사는 단일한 사물의 성질(quality) 또는 고유성(property)을 나타내고, 전치사와 동사는 둘 또는 그 이상의 사물 사이의 관계를 나타내는 경향이 있다.

따라서 전치사와 동사를 무시함으로써 모든 명제는 둘 또는 그 이상의 사물 사이의 관계를 나타낸다기보다는 단일한 사물에 고유성을 귀속시키는 것으로 보는 신념이 생겼다. 그러므로 궁극적으로는 사물 사이에는 관계와 같은 실재물은 있을 수 없다고 생각하게 되었다. 따라서 우주에는 단 하나의 사물이 존재할 수 있거나 또는 많은 사물이 있다 하더라도 어떤 방식으로든 상호작용은 불가능하다고 생각되었다. 상호작용은 어떠한 것이든 관계일 것인데 관계는 불가능하기 때문이다.

이러한 견해 중에서 우주에는 오직 하나의 사물만이 존재할 수 있다고 하는 견해를 **일원론**(一元論)이라고 하는데, 이것은 스피노자가 주창했고 현대에는 브래들리(Bradley)나 그 밖의 많은 철학자들이 주장하고 있다. 많은 사물이 있더라도 상호작용은 없다고 하는 견해는 라이프니츠가 주창했지만 오늘날 그다지 지지를 받지 못하는 주장으로 단자론(單子論)이라고 불린다. 고립된 사물은 각기 단자(monad)라고 불렀기 때문이다. 이 대립적인 두 철학은 모두 흥미 있는 것이기는 하지만 내 의견으로는 하나의 보편, 다시 말하면 동사나 전치사에 의해 나타내는 것이 아니라 형용사나 명사에 의해 나타내는 것에 부당한 주의를 기울임으로써 생긴 것이다.

사실상 어떤 사람이 보편의 존재를 전적으로 부정하려고 한다면 우리는 **성질**이라는 실재물, 다시 말하면 형용사나 명사에 의해 나타나는 보편의 존재는 증명할 수 없고, 반면 **관계**, 곧 일반적으로 동사와 전치사에 의해 나타나는 것은 증명될 수 있음을 알게 될 것이다. **희다는 것 자체**라는 보편을 예로 들어보기로 하자. 만일 이러한 보편이 존재한다고 믿는다면 우리는 사물이 희게 되는 것은 희다는 것 그 자체의 성질을 갖기 때문이라고 말할 것이다. 그러나 이러한 견해는 버클리와 흄이 격렬하게 부정했고 이 점에서는 그 후의 경험론자들도 이들을 따랐다.

112

그들의 부정은 '추상적 관념'이 있다는 것을 부정하는 형태였다. 그들의 말에 따르면 우리는 희다는 것 자체를 생각하고자 할 때 흰 색깔을 가진 특수한 사물에 대한 심상(心象)을 형성하고, 흰 색깔을 가진 다른 사물의 경우에도 참이라는 것을 알지 못하는 것은 이 특수에 대해 연역하지 않도록 조심하면서 이 특수에 대해 추리하기 때문이다. 우리의 현실적인 심적(心的) 과정의 설명으로서는 이것은 분명히 대체로 옳다. 예컨대 기하학에서 우리는 모든 삼각형에 대해 무엇인가를 증명하려고 할 때 개별적인 삼각형을 그리고, 다른 삼각형과 공유하지 않는 특성은 이용하지 않도록 조심하면서 이 개별적인 삼각형에 대해 추리한다.

초심자는 오류를 피하기 위해 가능한 한 서로 비슷하지 않은 몇 개의 삼각형을 그리는 것이 도움이 되는 경우가 많다는 것을 알게 된다. 그의 추리가 이런 삼각형 모두에 마찬가지로 적용될 수 있다는 것을 확인하기 위해서인 것이다. 그러나 어떤 것이 희다든지 삼각형이라든지 하는 것을 어떻게 아는가 하는 문제가 생기면 곧 난점이 제기된다. **희다는 것 그 자체** 또는 **삼각형 그 자체**라는 보편을 피하고자 한다면 우리는 흰색을 가진 개별적인 조각 또는 개별적인 삼각형을 선택하고, 어떤 것이 우리가 선택한 특수와 정말로 비슷하면 그것은 희다, 또는 삼각형이라고 말할 것이다. 그러나 이때 요구되고 있는 유사성은 보편이 아닐 수 없다. 흰 것은 많이 있으므로 유사성은 흰색을 가진 개별적인 사물의 낳은 쌍 사이에서 성립되어야 한다. 그리고 이것이 보편의 특성이다.

각 쌍에 대해 각기 다른 유사성이 있다고 말하는 것은 소용이 없다. 그러면 우리는 이러한 유사성은 서로 유사하다고 말하지 않을 수 없고 따라서 마침내는 보편으로서의 유사성을 인정하지 않을 수 없을 것이다. 그러므로 유사하다는 관계는 참된 보편이 아닐 수 없다. 그리고 이러한 보편을 인정하지 않을 수 없게 되면 우리는 희다는 것 그 자체, 또는 삼각형 그 자체라는 보편을 인정하는 것을 피하기 어렵고 그럴듯하지 못한 이론을 생각해내는 것이 부질없음을 알게 된다.

버클리와 흄은 '추상적 관념'을 부정하는 그들에 대한 이러한 반론을 알지 못했다. 그들은 그들의 논적(論敵)과 마찬가지로 오직 **성질**만을 생각하고 보편으로서의 **관계**를 전혀 몰랐기 때문이었다. 그러므로 우리는 여기서 경험론자보다는 합리론자가 옳았다고 생각되는 또 하나의 측면에 도달한다. 합리론자도 관계를 무시하거나 부정함으로써 그들의 연역은, 만일 그런 것이 있었다면, 경험론자의 연역보다 더 잘못을 범하기 쉬웠지만 말이다.

이제 보편이라는 실재물이 존재하지 않을 수 없다는 것을 알았으므로 다음에는 보편의 존재는 단지 정신적인 것이 아님을 증명해야 한다. 이것은 보편에 속하는 것은 모두 그것에 대해 사고한다든가 어떠한 방식으로 정신에 의해 파악된다는 것으로부터 독립되어 있다는 의미다. 우리는 앞 장 끝에서 이미 이 문제에 대해 언급했지만 이제는 보편에 속하는 것의 존재 방식이 어떠한가를 고찰하지 않으면 안 된다.

'에든버러는 런던의 북쪽에 있다'는 명제를 생각해보기로 하자. 여기에는 두 장소 사이의 관계가 있고 이 관계는 이에 대한 우리의 지식으로부터 독립하여 존립한다는 것은 분명하다. 에든버러가 런던의 북쪽에 있다는 것을 알게 되면 우리는 에든버러 및 런던 사이에서만 관계되는 어떤 것을 알게 된다. 그러나 이것을 알게 되어 이 명제가 참이 되는 것이 아니라 반대로 우리는 그것을 알기 이전부터 있었던 사실을 파악하는 데 지나지 않는다.

에든버러가 있는 지구 표면의 한 부분은, 남북에 대해 아는 사람이 하나도 없더라도, 또한 이 우주에 정신이 전혀 없더라도, 런던이 있는 지구 표면의 한 부분의 북쪽에 있을 것이다. 물론 이것은 버클리가 내세운 이유나 칸트가 내세운 이유 때문에 많은 철학자들에 의해 부정된다. 그러나 우리는 이미 이러한 이유들을 고찰한 바 있고 이러한 이유들은 적합하지 않다고 결정한 바 있다. 그러므로 이제 우리는 에든버러가 런던의 북쪽에 있다는 사실에는 정신적인 것은 하나도 전제되어 있지 않다는 것이 참이라고 생각할 수 있다. 그러나 이 사실에는 '~의 북쪽에'라는 관계가 포함되어 있고 이 관계는 보편이다.

또한 이 사실의 구성 요소의 하나인 '~의 북쪽에'라는 관계에 정신적인 것이 포함되어 있다면 이 사실 전체에 정신적인 것이 전혀 포함되어 있지 않다는 것은 불가능하다. 그러므로 이 관계는 이것이 관련시키는 각 항들과 마찬가지로 사고에 의존하는 것이 아니라 사고가 파악하기는 하지만 창조하지는 않는 독립된 세계에 속하는 것임을 인정하지 않을 수 없다.

그러나 이러한 결론은 '~의 북쪽에'라는 관계가 에든버러나 런던이 존재한다고 하는 것과 같은 의미에서는 **존재**하지 않는 것 같다는 난점에 봉착한다. 만일 '이러한 관계는 어디에, 언제 존재하는가?'라는 질문을 받는다면 우리는 '어디에도, 어느 때에도 존재하지 않는다'고 대답하지 않을 수 없다. 우리가 '~의 북쪽에'라는 관계를 찾아낼 수 있는 장소나 시간은 없는 것이다. 이러한 관계는 에든버러에도 존재하지 않고 런던에도 존재하지 않는다.

이 관계는 에든버러와 런던을 관련시키는 것이고 두 도시 사이에 있는 것으로서 중립적인 것이기 때문이다. 또한 우리는 이 관계가 어떤 특정한 시간에 존재한다고 말할 수도 없다. 그런데 감관 또는 내성(內省)에 의해 감지될 수 있는 모든 것은 어떤 특정한 시간에 존재한다. 그러므로 '~의 북쪽에'라는 관계는 이러한 것들과는 근본적으로 다르다. 이 관계는 공간 속에 있는 것도 아니고 시간 속에 있는 것도 아니며 물질적인 것도 정신적인 것도 아니지만 하여튼 어떤 것이다.

많은 사람들로 하여금 보편은 사실상 정신적인 것이라고 생각하게 하는 것은 대체로 보편에 속하는 매우 특이한 존재 방식이다. 우리는 보편에 대해 생각할 수 있고 이때 우리의 사고는 다른 정신적 작용과 마찬가지로 완전히 일상적인 의미에서 존재한다. 예컨대 희다는 것 그 자체에 대해 생각하고 있다고 하자. 그러면 **어떤 의미에서는** 희다는 것 그 자체는 '우리의 정신 속에' 있다고 말할 수 있

116

다. 여기에는 이 책의 4장에서 버클리를 말할 때에 주의를 환기시킨 바와 같은 애매성이 있다.

엄격한 의미에서는 우리의 정신 속에 있는 것은 희다는 것 그 자체가 아니라 희다는 것 그 자체에 대한 사고 작용이다. 4장에서 주의한 바 있는 관념과 결부된 애매성이 여기서도 혼란을 일으킨다. 이 말의 한 가지 뜻에 있어서는, 다시 말하면 이 말은 사고 작용의 **대상**을 지시한다는 의미에 있어서는 희다는 것 그 자체는 하나의 '관념'이다. 그러므로 이러한 애매성을 경계하지 않으면 우리는 다른 의미에서의 희다는 것 그 자체를 '관념', 다시 말하면 곧 사고 작용이라고 생각하게 될 것이다. 따라서 우리는 희다는 것 그 자체는 정신적인 것이라고 생각하게 된다. 그러나 이렇게 생각함으로써 우리는 희다는 것 그 자체로부터 보편성이라는 본질적 성질을 빼앗게 된다.

한 사람의 사고 작용은 다른 사람의 사고 작용과 다르기 마련이고 어떤 사람이 어떤 때에 생각한 것은 그 사람이 다른 때에 생각한 것과는 다르기 마련이다. 그러므로 희다는 것 그 자체가 그 대상과 대립되는 것으로서의 사고라면 두 사람이 각기 동일하게 이것을 사고한다는 것은 불가능한 일이고 같은 사람이라도 이것을 다시 동일하게 사고한다는 것 역시 불가능하다. 희다는 것 그 자체에 대한 각기 다른 여러 가지 사고에 공통되는 것은 그 **대상**이고, 이 대상은 이러한 모든 사고와 다른 것이다. 따라서 보편은 인식될 때에는 사고의 대상이더라도 사고는 아니다.

우리가 **존재하는** 사물에 대해 말하는 것은 이 사물이 시간 속에 있을 때, 다시 말하면 그 사물이 존재하고 **있는** 시간(영원히 존재할 가능성도 배제하지 않고)을 지적할 수 있을 때로 국한하는 것이 편리할 것이다. 그러면 사고와 감정, 정신과 물질적 대상은 **존재한다.** 그러나 보편은 이러한 의미에서는 존재하지 않는다. 우리는 보편은 **존립한다**(subsist) 또는 **존재성을 갖는다**(have being)고 말하기도 하며 이 경우 **존재성**은 무시간적(無時間的)으로 있는 것으로서 **존재**와 대립된다. 그러므로 보편의 세계는 또한 존재성의 세계라고 말할 수 있다.

존재성의 세계는 불변이고 고정되고 정확하며, 수학자, 논리학자, 형이상학적 체계의 수립자 및 삶보다는 완전을 사랑하는 모든 사람들에게는 즐거운 것이다. 존재의 세계에는 유동적이고 막연하고 명확한 구별이 없고 분명한 계획이나 배열이 없지만 모든 사고와 감정, 모든 감각소여, 모든 물질적 대상, 이롭고 해로운 모든 것, 인생의 가치와 세계에 어떤 차이를 생기게 하는 모든 것이 포함된다. 우리는 기질에 따라 두 세계 중에서 하나를 선택하고 고찰한 것이다. 우리가 좋아하지 않는 세계는 우리가 좋아하는 세계의 희미한 그림자처럼 보일 것이고 어떤 의미에서든 실재한다고 생각할 가치가 거의 없다고 생각할 것이다. 그러나 사실은 이 두 세계는 우리의 공정한 주목을 요구할 동등한 권리를 가지며 어느 것이나 실재적이고, 어느 것이나 형이상학자에게는 중요하다. 사실상 두 세계를 구분하자마자 우리는 두 세계의 관계를 고찰하지 않을 수 없다.

그러나 우선 우리는 보편에 대한 우리의 지식을 검토해야 한다. 다음 장에서는 이러한 고찰을 할 것이며 우리가 보편을 고찰하는 출발점이 된 선천적 지식의 문제도 여기서 해결될 것이다.

10
보편에 대한 지식

어떤 주어진 시간에 어떤 사람이 가지고 있는 지식에 대해서는, 보편은 특수와 마찬가지로 직접지에 의해 인식되는 보편과 오직 기술에 의해서만 인식되는 보편과 직접지에 의해서도 기술에 의해서도 인식되지 않는 보편으로 구분될 수 있을 것이다.

우선 직접지에 의한 보편의 지식을 생각해보기로 하자. 우선 우리가 희다, 붉다, 검다, 달다, 시다, 목소리가 높다, 딱딱하다 등의 보편, 다시 말하면 감각소여에 의해 예시되는 성질을 직접 아는 것은 분명하다. 흰 헝겊 조각을 볼 때 우리는 우선 특수한 헝겊 조각을 직접 알게 되지만 흰 헝겊 조각을 많이 봄에 따라 모든 흰 헝겊 조각이 공통으로 갖는 희다는 것을 쉽게 추상(抽象)할 줄 알게 되고 이렇게 됨으로써 희다는 것을 직접 알게 된다. 우리는 같은 과정을 통해 같은 종류의 보편을 직접 알게 될 것이다. 이러한 종류의 보편을

'감각적 성질'이라고 부를 수 있다. 이러한 보편은 다른 보편보다 추상의 노력이 적더라도 파악될 수 있고 또한 다른 보편보다는 특수로부터 덜 멀어져 있는 것 같다.

다음에는 관계를 보기로 하자. 가장 파악하기 쉬운 관계는 단일한 복합적 감각소여의 각기 다른 부분들 사이에 성립하는 관계다. 예컨대 나는 지금 글을 쓰고 있는 페이지 전체를 한눈으로 볼 수 있다. 따라서 페이지 전체가 하나의 감각소여에 포함되어 있다. 그러나 나는 이 페이지의 어떤 부분은 다른 부분의 왼쪽에 있고 어떤 부분은 다른 부분의 위에 있다는 것을 지각한다.

이 경우 추상의 과정은 대체로 다음과 같이 진행되는 것 같다. 나는 한 부분이 다른 부분의 왼쪽에 있는 많은 감각소여를 차례로 본다. 나는 각기 다른 흰 헝겊 조각들의 경우와 마찬가지로 이러한 모든 감각소여에는 공통된 것이 있음을 지각하고, 추상에 의해 공통된 것이 각 부분 사이의 어떤 관계, 다시 말하면 내가 '~의 왼쪽에 있다'고 부르는 관계임을 안다. 이렇게 해서 나는 보편적인 관계를 직접 알게 된다.

같은 방식으로 나는 시간의 전후 관계를 의식한다. 내가 종소리를 들었다고 하자. 마지막 종소리가 울리면 나는 종소리 전체를 마음에 간직하고 먼저 종소리가 뒤의 종소리보다 일찍 들렸다는 것을 지각한다. 또한 기억에 있어서도 내가 기억하고 있는 것은 현재보다 앞선 것임을 지각한다. 나는 '~의 왼쪽에 있나'는 보편적 관계를 추상한 것과 마찬가지로 이러한 각각의 원천으로부터 전후라는 보편적 관계를 추상할 수 있다. 그러므로 공간 관계와 시간 관계도 우리가 직접 아는 것에 속한다.

우리가 거의 같은 방식으로 직접 알게 되는 또 하나의 관계는 유사성이다. 내가 동시에 녹색의 두 가지 색조를 본다면 나는 이 두 가지 색조가 유사하다는 것을 알 수 있을 것이다. 또한 동시에 붉은색을 본다면 나는 두 가지 녹색이 붉은색과 유사하기보다는 서로 더 유사하다는 것을 알 수 있다. 이렇게 해서 나는 보편적인 **유사성** 또는 **상사성**(相似性)을 직접 알게 된다.

특수의 사이에서와 마찬가지로 보편의 사이에서도 우리가 직접 알 수 있는 여러 관계가 있다. 우리는 방금 녹색의 두 가지 색조 사이의 유사성이 적색의 한 색조와 녹색의 한 색조 사이의 유사성보다 더 크다는 것을 알았다. 여기서 우리는 두 관계 사이의 관계, 곧 '~보다 더 큰'이라는 관계를 다루고 있다. 이러한 관계에 대한 우리의 지식은, 감각소여의 성질을 지각하는 경우보다는 더 많은 추상의 힘이 요구되기는 하지만 마찬가지로 직접적인 것 같고 또한 (적어도 어떤 경우에는) 마찬가지로 의심의 여지가 없는 것 같다. 따라서 감각소여에 대해서와 마찬가지로 보편에 대해서도 직접적 지식이 있다.

이제 우리가 보편을 고찰하기 시작할 때 미해결로 남겨놓은 선천적 지식의 문제로 되돌아가면 우리는 전에 가능했던 것보다는 훨씬 더 만족스러운 방식으로 이 문제를 다룰 위치에 놓여 있음을 알 수 있다. '2+2=4'라는 명제로 되돌아가자. 이미 말한 것으로 보아

이 명제가 보편적인 '2'와 보편적인 '4' 사이의 관계를 말하고 있다는 것은 아주 분명하다. 이것은 이제 우리가 확립하려고 노력하게 될 명제, 곧 **모든 선천적 지식은 오직 보편의 여러 관계만을 다룬다**고 하는 명제를 암시하고 있다. 이 명제는 매우 중요하며 앞에서 말한 선천적 지식에 대한 난점들을 해결하는 데 무척 도움이 된다.

얼핏 보기에 우리의 명제가 참이 아닌 것처럼 보이는 유일한 경우가 있는데, 이것은 선천적 명제가 특수한 어떤 클래스에 속하는 모든 것이 어떤 다른 클래스에 속한다고 말하거나 (결국 마찬가지겠지만) 어떤 한 가지 성질을 가진 **모든** 특수는 또한 어떤 다른 성질도 갖는다고 말하는 경우다. 이러한 경우에는 마치 우리는 성질보다는 이 성질을 가진 특수를 다루고 있는 것처럼 생각될지도 모른다. '2+2=4'라는 명제가 바로 이러한 경우다. 이 명제는 '어떤 2에 어떤 다른 2를 더해도 4이다' 또는 '두 개의 2로 이루어진 어떠한 집합도 4의 한 집합이다'라는 형식으로 말할 수 있기 때문이다. 만일 이러한 명제가 사실상 오직 보편만을 다룬다는 것을 밝힐 수 있다면 앞에서 말한 명제는 증명되었다고 볼 수 있을 것이다.

어떤 명제가 무엇을 다루고 있는가를 아는 한 가지 방법은 이 명제가 의미하는 바를 알기 위해서 이해하지 않으면 안 될 말이 무엇인가 ― 다시 말하면 우리가 직접 알아야 할 대상이 무엇인가 ― 를 자문(自問)해보는 것이다. 그 명제가 무엇을 의미하는가를 알게 되면, 그것이 참인가 거짓인가 하는 것은 아직 모르더라도, 이 명제가 사실상 다루고 있는 것을 직접 알지 않으면 안 된다는 것은 분명하다. 이러한 테스트를 하면 특수와 관계하는 듯한 많은 명제가 사실은 보편하고만 관계한다는 것을 알게 된다. '2+2=4'라는 특수한 경우를 보면 '두 개의 2로 이루어진 어떠한 집합도 4의 한 집합이다'라는 뜻으로 해석할 때에도 우리는 '집합'과 '2'와 '4'가 의미하는 바를 알면 이 명제를 이해할 수 있다는 것, 다시 말하면 이 명제가 주장하는 것을 **이해**할 수 있다는 것은 분명하다. 세계에 있는 모든 쌍을 안다는 것은 불필요하다.

만일 세계에 있는 모든 쌍을 알아야 한다면 쌍은 무수하고 따라서 모두 안다는 것은 불가능하므로 분명히 우리는 이 명제를 이해할 수 없을 것이다. 그러므로 **특수한 쌍이 있다는 것을 알게 되면** 우리의 일반적 명제에는 이 특수한 쌍에 대한 명제가 **함축**되더라도 일반적 명제는 이러한 특수한 쌍이 있다고 주장하거나 함축하지는 않으며, 따라서 현실의 특수한 쌍에 대해서는 아무런 진술도 하지 못한다. 진술하고 있는 것은 보편으로서의 '쌍'에 대해서지 이 쌍 또는 저 쌍에 대한 것은 아니다.

그러므로 '2+2=4'라는 진술은 오직 보편만을 다루며 따라서 이와 관계된 보편을 직접 알고, 이 진술이 주장하고 있는 보편 사이의 관계를 지각할 수 있는 사람이면 누구든지 '2+2=4'라는 진술을 알 수 있다. 우리의 지식을 반성해보면 알 수 있는 일이려니와, 우리는 때로는 보편 사이의 이러한 관계를 아는 능력, 따라서 때로는 산술이나 논리학의 명제 같은 일반적인 선천적 명제를 아는 능력이 있다는 것을 사실로서 받아들여야 한다. 앞에서 이러한 지식을 고찰했을 때 신비적으로 보인 것은 이러한 지식이 경험을 예지하거나 통제하는 것처럼 보인다는 점이었다. 그러나 지금 우리는 이것이 잘못이었음을 알 수 있다.

경험 가능한 것과 관계되는 **어떠한** 사실도 경험에서 독립하여 인식될 수는 **없다**. 우리는 두 사물과 다른 두 사물을 합하면 네 개의 사물이 된다는 것을 선천적으로 알지만 브라운과 존스가 두 사람이고 로빈슨과 스미스가 두 사람이면 브라운과 존스와 로빈슨과 스미스는 네 사람이 된다는 것을 선천적으로 알지는 **못한다**. 이 명제는 우리가 브라운과 존스와 로빈슨과 스미스라는 사람들이 존재한다는 것을 알지 못하면 전해 이해되지 못하고 이것은 오직 경험에 의해서만 알 수 있다는 것이 그 이유다. 그러므로 일반적 명제는 선천적이더라도 이 명제를 현실의 특수에 적용할 때는 언제나 경험과 관련되고 따라서 경험적 요소를 포함한다. 이렇게 하여 선천적 지식에서 신비한 것으로 보이는 것은 오류에 바탕을 두고 있음을 알 수 있다.

순수한 선천적 판단과 '모든 사람은 죽는다' 같은 경험적 일반화를 비교해보면 이 점이 더욱 분명해질 것이다. 앞에서와 마찬가지로 여기서도 우리는 여기에 포함된 보편, 다시 말하면 **사람**과 **죽는다**를 이해하면 곧 이 명제의 의미를 이해할 수 있다. 이 명제를 이해하기 위해 전 인류를 개별적으로 직접 아는 것은 분명히 불필요하다. 따라서 선천적인 일반적 명제와 경험적인 일반화의 차이는 명제의 **의미**에 있는 것은 아니다.

이 차이는 **증거**의 성질에 있다. 경험의 경우에는 증거는 특수한 사례들이다. 우리는 죽는 사람이 무수하게 많다는 사례를 알고 있으나 어떤 연령 이상으로 산 사례는 알지 못하기 때문에 모든 사람은 죽는다는 것을 믿는다. **사람**이라는 보편과 **죽는다**는 보편의 결합을 알기 때문에 믿는 것은 아니다. 만일 생리학이 생체(生體)를 지배하는 일반 법칙을 가정하고 살아 있는 유기체는 어떤 것이든 영속할 수 없다는 것을 증명할 수 있다면 이것은 **사람**과 **죽는다**는 것을 결합하고, 우리는 **사람**들이 죽는다는 특수한 증거에 호소하지 않고 이 명제를 주장할 수 있을 것이다. 그러나 이것은 우리의 일반화가 더욱 넓은 일반화에 포섭되었음을 의미하며, 더욱 넓은 일반화에 대한 증거는 더욱 광범하기는 하더라도 역시 같은 종류의 것이다.

과학의 발달은 끊임없이 이러한 포섭을 산출하며 따라서 과학적 일반화를 위한 더욱 광범한 귀납적 기초를 끊임없이 제공한다. 그러나 이것은 확실성의 **정도**를 높여주기는 하지만 다른 **종류**의 확실성을 제시하지는 않는다. 궁극적인 근거는 역시 귀납적이다. 다시 말하면 여러 가지 사례에서 이끌어내는 것이지 논리학이나 산술의 경우처럼 보편의 선천적 결합은 아니다. 선천적인 일반적 명제에 대해서는 두 가지 대립된 점이 인정되어야 한다. 첫째는 많은 특수한 사례가 알려지면 귀납에 의해 우선 일반 명제에 도달하고 그 다음에야 보편의 결합이 알려진다는 것이다. 예컨대 삼각형의 각 변에 그것과 대립되는 정점에서 수선(垂線)을 그으면 세 개의 수선

이 한 점에서 만난다는 것은 모두 알고 있는 사실이다. 여러 번 실제로 수선을 그어보고 언제나 이 수선들이 한 점에서 만난다는 것을 알게 되어 처음으로 이러한 명제에 도달한다는 것은 매우 가능한 일이다. 이러한 경험으로 말미암아 우리는 일반적 증명을 탐구하고 발견하게 된다. 이러한 일은 모든 수학자들이 흔히 경험하는 것이다.

또 한 가지 점은 더욱 흥미롭고 철학적으로 더욱 중요하다. 그것은 사례를 하나도 모르는 경우에도 우리는 때때로 일반 명제를 알 수 있다는 것이다. 다음과 같은 경우를 보기로 하자. 우리는 어떠한 수든 곱할 수 있고, 적(積)이라고 부르는 제3의 수가 생긴다는 것을 알고 있다. 그 적이 100보다 작은 모든 정수(整數)의 짝은 실제로 곱할 수 있고 그 적의 수치(數值)는 구구표에 기록할 수 있다는 것을 우리는 알고 있다. 그러나 우리는 또한 정수의 수는 무한하고, 인간이 생각해왔고 또 생각하게 될 정수의 짝은 수적으로 한정되어 있다는 것을 알고 있다.

그러므로 인간에 의해 생각된 적도 없고 또 앞으로 결코 생각되지도 않을 정수의 짝이 존재하고 이러한 정수의 짝은 어느 것이나 그 곱이 100을 넘는 것으로 되어 있다는 귀결이 나온다. 따라서 우리는 다음과 같은 명제에 도달한다. '인간에 의해 생각된 적이 없고 앞으로도 결코 생각되지 않을 두 개의 정수의 곱은 모두 100 이상이다.' 이것이 그 진리임을 부정할 수는 없으나 그 성질로 보아 사례를 들 수는 없는 일반 명제다. 우리가 생각할 수 있는 모든 두 개의 수는 이 명제의 조건에 의해 배제되기 때문이다.

어떠한 사례도 들 수 없는 일반 명제를 아는 것은 불가능하다고 흔히 말한다. 이러한 명제를 알려면 오직 보편의 관계에 대한 지식이 요구될 뿐이고, 문제가 되고 있는 보편의 사례에 대한 지식은 전혀 요구되지 않는다는 것을 모르기 때문에 이렇게 말하는 것이다. 그러나 이러한 일반 명제에 대한 지식은 일반적으로 인식되었다고 인정되고 있는 많은 명제에 대해 매우 중요하다. 예컨대 앞의 몇 장에서 우리는 감각소여와 대립되는 물질적 대상에 대한 지식은 오직 추리에 의해서만 획득되고, 물질적 대상은 우리가 직접 알 수 있는 사물은 아니라는 것을 알았다. 그러므로 이것이 직접 알려지는 것인 경우, 우리는 '이것은 물질적 대상이다'라는 형식의 명제를 결코 알 수 없다. 여기에서 물질적 대상에 대한 우리의 모든 지식은 어떠한 현실적 사례도 제시할 수 없는 것이라는 귀결이 나온다.

우리는 물질적 대상과 결부된 감각소여의 사례는 제시할 수 있지만 현실의 물질적 대상의 사례는 제시할 수 없다. 그러므로 물질적 대상에 대한 우리의 지식은 아무런 사례도 제시할 수 없는 일반적 지식의 가능성에 전적으로 의존하고 있다. 그리고 다른 사람의 정신에 대한 우리의 지식, 또는 직접지에 의해 어떠한 사례도 알려지지 않는 다른 클래스의 사물에 대한 지식에도 이 말은 해당된다.

우리의 분석 과정에서 드러난 바 있으므로 이제는 우리의 지식의 원천에 대해 개관하기로 하자. 우선 사물에 대한 지식과 진리에 대한 지식을 구별해야 한다. 각기 두 종류의 지식이 여기에 속하는 데 하나는 직접적인 것이고 하나는 파생적인 것이다. 우리가 **직접지**라고 부르는, 사물에 대한 직접적 지식은 알려지는 것이 특수인가 또는 보편인가에 따라 두 종류로 구분된다. 특수 중에서는 우리는 감각소여와 (아마도) 우리 자신을 직접 안다. 보편 중에서는 어떤 것이 직접지에 의해 알려지는가를 결정할 원리는 없는 것 같지만 직접지에 의해 알려지는 것에는 감각적 성질, 시간 및 공간의 관계, 유사성, 어떤 추상적인 논리적 보편이 있는 것은 분명하다.

우리가 기술에 의한 지식이라고 부르는 사물에 대한 파생적 지식에는 언제나 어떤 것에 대한 직접지와 진리에 대한 지식이 포함된다. 진리에 대한 우리의 직접적 지식은 **직관적** 지식이라고 부를 수 있고 직관적으로 인식된 진리는 **자명한** 진리라고 부를 수 있다. 이러한 진리에는 단지 감관에 주어지는 것을 진술하는 것, 또는 어떤 추상적인 논리 및 수학적 원리, 그리고 (확실성은 덜하지만) 어떤 윤리적 명제가 포함된다. 진리에 대한 파생적 지식은 자명한 연역 원리를 사용하여 자명한 진리에서 연역될 수 있는 모든 것으로 성립된다.

위에서 말한 설명이 옳다면 진리에 대한 우리의 모든 지식은 직관적 지식에 의존한다. 그러므로 앞에서 직접지에 의한 지식의 성질과 범위를 고찰한 것과 마찬가지 방법으로 직관적 지식의 성질과 본성을 고찰하는 것이 중요하다. 그러나 진리에 대한 지식은 사물에 대한 지식의 경우에는 제기되지 않는 다른 문제, 곧 **오류**의 문제를 제기한다. 우리의 신념 중에서 일부는 오류라는 것이 밝혀지며 따라서 어떻게 지식을 오류에서 구별할 수 있는가를 고찰할 필요가 있다.

직접지에 의한 지식에 대해서는 이러한 문제는 제기되지 않는다. 직접지의 대상은 그것이 무엇이든, 꿈속에 있는 것이든 환상 속에 있는 것이든, 우리가 직접적 대상을 넘어서지 않는 한 오류는 생기지 않기 때문이다. 오류는 직접적 대상, 곧 감각소여를 어떤 물질적 대상의 부호라고 볼 때에만 생길 수 있다. 그러므로 진리에 대한 지식과 관련된 문제는 사물에 대한 지식과 관련된 문제보다 더욱 어렵다. 진리에 대한 지식과 관련된 문제 중에서 우선 직관적 판단의 성질과 범위를 검토해보기로 하자.

11
직관적 지식

우리가 믿는 모든 것은 증명될 수 있거나 적어도 매우 개연적임이 밝혀져야 한다고 생각하는 일반적인 경향이 있다. 많은 사람들은 어떠한 이유도 주어지지 않는 신념은 비합리적인 신념이라고 생각한다. 대체적으로 이 견해는 옳다. 우리의 상식적인 신념은 거의 모두 그 이유를 제공하는 것으로 생각되는 다른 신념에서 추리되거나 추리될 수 있는 것이다.

이러한 이유는 일반적으로 잊히거나 우리의 정신에 의식적으로 현전(現前)된 적이 없는 것이다. 예컨대 우리가 막 먹으려고 하는 음식이 독이 아닐 것이라고 생각하는 이유는 무엇인가를 자문(自問)해보는 사람은 거의 없다. 그렇지만 이런 물음을 받으면 당장 대답할 준비는 없지만 완전히 충분한 이유를 찾아낼 수 있을 것이라고 생각한다. 그리고 우리는 이러한 방식으로 신념을 정당화한다.

그러나 어떠한 이유를 말하든 그 이유의 이유를 계속 요구하는 끈질긴 소크라테스적 인물을 상상해보자. 우리는 조만간에, 아마도 오래지 않아서 더는 이유를 찾아낼 수 없는, 그 이상의 이유는 이론적으로도 발견할 수 없는 지경에 몰리게 될 것이다. 일상생활의 보통의 신념에서 출발해 우리는 여기서 저기로 되돌아가서 마침내 아주 분명하고, 그 자체는 더욱 분명한 것에서 연역될 수 없는 일반적 원리, 또는 일반적 원리의 사례에 도달하게 된다. 예컨대 우리의 음식에 영양이 있고 독이 없다 하는 등의 일상생활의 대부분의 문제에 있어서는, 6장에서 본 바와 같이, 우리는 귀납 원리로 되돌아가게 될 것이다. 그러나 이 이상으로 더 후퇴할 수는 없는 것 같다.

이 원리 자체는 때로는 의식적으로, 때로는 무의식적으로 우리의 추리에서 끊임없이 사용된다. 그러나 어떤 더 단순하고 자명한 원리에서 출발해 그 결론으로서 귀납 원리에 도달하게 하는 추리는 없다. 그리고 다른 논리적 원리에 대해서도 똑같은 말을 할 수 있다. 이러한 원리가 진리라는 것은 명백해서 우리는 이러한 원리를 논증을 구성하는 데 사용하며 이러한 원리 자체는, 적어도 그중 일부는 논증할 수 없는 것이다.

그러나 자명성(自明性)은 일반 원리 중에서 증명할 수 없는 것에만 국한되지 않는다. 어떤 수의 논리적 원리가 승인된다면 그 밖의 것은 이 원리에서 연역될 수 있다. 그러나 연역된 명제는 증명 없이 전제된 명제와 마찬가지로 자명한 경우가 많다. 게다가 수학은 모두 논리학의 일반 원리에서 연역될 수 있지만 '2+2=4'라는 수학의 간단한 명제는 논리학의 원리와 마찬가지로 자명하다.

또한 논의의 여지가 있기는 하지만 '우리는 선한 것을 추구해야 한다'는 것 같은 자명한 윤리적 원리도 있는 것 같다.

일반 원리의 모든 경우에 있어서 친숙한 사물을 다루는 특수한 사례가 일반 원리보다 더 분명하다는 점도 간과해서는 안 될 것이다. 예컨대 모순율은 어떤 것이 어떤 성질을 가지면서 동시에 갖지 않을 수는 없다고 말한다. 이러한 원리는 이해되기만 하면 분명하지만 우리가 보고 있는 개개의 장미꽃이 빨갛고 동시에 빨갛지 않을 수는 없다는 것만큼 분명하지는 않다(물론 이 장미꽃의 어떤 부분은 빨갛고 어떤 부분은 빨갛지 않거나, 이 장미꽃이 빨갛다고 해야 할지 망설이게 하는 핑크의 색조를 가진 경우는 가능하다. 그러나 앞의 경우에는 장미는 전체적으로 빨갛지 않다는 것이 분명하고 뒤의 경우는 '빨갛다'는 것에 대해 정확한 정의를 하자마자 그 대답은 이론적으로 일정하게 된다). 우리는 보통 특수한 사례를 통해 일반 원리를 이해하게 된다. 추상적인 것을 다루는 데 익숙한 사람들만이 사례의 도움 없이 쉽게 일반 원리를 파악할 수 있다.

일반 원리 이외의 또 다른 자명한 진리는 감각에서 직접 이끌어 내는 진리다. 우리는 이러한 진리를 '지각적(知覺的) 진리', 이러한 진리를 표현하는 판단을 '시각적 판난'이라고 부르기도 한다. 그러나 여기서 자명한 진리의 정확한 본성을 파악하려면 상당한 주의가 필요하다. 현실적인 감각소여는 참도 아니고 거짓도 아니다. 예컨대 내가 어떤 색깔을 가진 헝겊 조각을 보고 있다면 이것은 단지 존재할 뿐이고 참이거나 거짓이라고 할 수 있는 것은 아니다. 이러한 헝겊 조각이 존재한다는 것은 참이고 이것이 어떤 모양을 갖고 어느 정도 밝음을 가진 것도 참이며 이것이 어떤 다른 색깔에 둘러싸여 있는 것도 참이다.

그러나 헝겊 조각 자체는 감관의 세계의 그 밖의 모든 것과 마찬가지로 참이라거나 거짓이라고 하는 것과는 근본적으로 다른 것이고 따라서 원래 **참**이라는 말을 쓸 수 없는 것이다. 그러므로 우리의 감관에서 획득되는 자명한 진리는 그것이 어떠한 것이든 이러한 진리를 획득하게 한 감각소여와는 다르지 않을 수 없다.

아마 최종적 분석에서는 하나로 합칠지 모르지만 두 종류의 자명한 지각적 진리가 있는 것 같다. 첫째는 어떠한 방식으로든 분석을 하지 않고 단지 감각소여의 **존재**를 주장하는 것이다. 우리는 빨간 헝겊 조각을 보고 '이러이러한 빨간 헝겊 조각이 있다'고 판단하거나 좀 더 정확하게 말하면 '그것이 있다'고 판단한다. 이것은 지각의 직관적 판단 가운데 하나다. 또 한 가지는 감관의 대상이 복합적일 때 생기고 우리는 이에 대해 어느 정도 분석을 한다. 예컨대 우리는 **둥글고 빨간** 헝겊 조각을 보면 '이 빨간 헝겊 조각은 둥글다'고 판단할 것이다. 이것도 역시 지각적 판단이지만 앞에 든 예와는 다르다.

지금 든 예에서는 색깔과 모양을 다 갖고 있는 단일한 감각소여가 있다. 곧 그 색깔은 빨갛고 그 모양은 둥글다. 우리의 판단은 이 감각소여를 색깔과 모양으로 분석하고 빨간색이 모양에 있어서는 둥글다고 함으로써 색깔과 모양을 재결합한다. 이러한 판단의 또 한 가지 예는 '이것은 그것의 오른쪽에 있다'는 것이며 여기서는 '이것'과 '그것'이 동시에 보인다. 이러한 판단에서는 감각소여는 상호 관계되는 구성 요소를 포함하고 판단은 이러한 구성 요소들이 이러한 관계를 갖는다고 주장한다.

직관적 판단 중에서 감관의 판단과 비슷하면서도 이것과는 전혀 다른 또 하나의 클래스는 **기억**에 대한 판단이다. 대상에 대한 판단에는 대상에 대한 심상(心象)이 따르기 쉽고 게다가 이러한 심상은 기억을 구성할 수 있는 것은 아니라는 사실 때문에 기억의 본성에 대해서는 어느 정도 혼란이 일어날 위험이 있다. 이 점은 심상은 현재의 것이지만 상기되는 것은 과거의 것이라는 사실만 주목해도 쉽게 알 수 있다. 게다가 우리는 확실히 어느 정도까지는 심상을 상기된 것과 비교할 수 있으므로 약간 광범한 범위 내에서 우리의 심상이 얼마나 정확한가를 알 수 있는 경우가 많다.

그러나 이러한 일은 심상과는 대립되는 대상이 어떤 방식으로 정신 앞에 있지 않다면 불가능할 것이다. 따라서 기억의 본질은 심상에 의해 구성되는 것이 아니라 정신 앞에 직접 과거의 것으로 인정되는 대상을 가짐으로써 구성된다. 이러한 의미에서 기억된 사실이 없다면 우리는 과거가 있었나는 것소차 알지 못할 것이고 또한 태어나면서부터 시각장애인인 사람이 '빛'이라는 말을 이해하지 못하듯이 우리는 '과거'라는 말을 이해할 수 없을 것이다. 이처럼 기억에 대한 직관적 판단이 있어야 하며 궁극적으로는 과거에 대한 우리의 모든 지식은 이러한 판단에 의존한다.

그러나 기억의 경우에는 곤란한 문제가 일어난다. 기억은 잘 알려진 것처럼 믿을 수 없는 경우가 많아서 직관적 판단 일반의 신빙성에 의심을 갖게 하기 때문이다. 이러한 난점은 경미한 것은 아니다. 그러나 우선 가능한 한 그 범위를 좁혀보자. 개괄적으로 말하면 기억의 신빙성은 그 경험이 얼마나 생생하고 시간적으로 얼마나 가까운가 하는 데 달려 있다. 만일 이웃집에 30분 전에 벼락이 떨어졌다면 내가 보고 들은 것에 대한 나의 기억은 매우 믿을 만한 것이고, 따라서 섬광이 있었는가를 의심하는 것은 어리석다. 그리고 시간적으로 더 가깝다면, 이보다는 덜 생생한 경험에 대해서도 같은 말을 할 수 있다.

내가 30초 전에 지금 앉아 있는 의자에 앉아 있었다는 것은 절대로 확실하다. 하루 이상 지난 일로 거슬러 올라가면 아주 확실한 일도 있고, 거의 확실한 일도 있고, 거기에 따르는 상황을 생각하고 상기함으로써 확실해지는 일도 있고, 결코 확실하지 않은 일도 있다. 내가 오늘 아침을 먹었다는 것은 아주 확실하지만, 철학자라면 그래야 하는 것처럼 아침 식사에 무관심했다면 나는 아침에 식사를 했는지 안 했는지 의심스러울 것이다. 아침 식사를 들면서 나눈 대화에 대해서도 나는 어떤 말을 쉽게 생각해낼 수 있고 어떤 말은 애를 써서, 또는 아주 의아하게 여기면서 생각해낼 수 있고 어떤 말은 전혀 생각해내지 못한다. 이처럼 내가 기억하고 있는 것의 자명성의 정도에는 연속적인 단계가 있고 기억의 신빙성에도 이에 대응하는 단계가 있다.

따라서 기억은 믿을 수 없다고 함으로써 생긴 최초의 물음에 대해서는 기억에는 자명성의 정도가 있으며, 이것은 기억의 신빙성과 대응하고, 따라서 최근에 일어난 생생한 사건에 대한 기억일수록 완전한 자명성과 완전한 신빙성의 한계에 도달한다고 대답할 수 있다.

그러나 전혀 잘못된 기억을 굳게 믿는 경우도 있는 것 같다. 이러한 경우 실제로 기억되고 있는 것은, 정신에 즉각 떠올린다는 의미에서 그 기억에 의해 일반적으로 연상되는 어떤 내용이 있는 것이기 때문에 잘못 믿고 있는 것과는 다른 것이다. 조지 4세는 워털루전투에 참가했다고 자주 말하다가 마침내 그것을 정말로 믿게 되었다고 한다. 이 경우 직접 기억되는 것은 그의 되풀이되는 주장이다. 곧 그가 주장하고 있는 것(만일 그런 것이 있다면)에 대한 신념은 기억되고 있는 주장과 결부되어서 생긴 것이고 따라서 순수한 기억과 같은 경우는 아닐 것이다. 잘못된 기억은 모두 이렇게 처리될 수 있을 것이다. 다시 말하면 엄격한 의미에서는 이것은 기억과는 경우가 다르다는 점이 밝혀질 것이다.

기억의 경우를 봄으로써 자명성에 대해 한 가지 중요한 점이 명백해졌다. 곧 자명성에는 정도가 있다. 자명성은 단지 있든가 없든가 하는 성질을 가진 것이 아니라 절대적인 확실성에서 거의 알아

볼 수 없을 만큼 희미한 상태에 이르기까지 정도의 차이를 갖고 다소간에 현존(現存)할 수 있는 성질을 가진 것이다.

지각적 진리와 논리학의 원리 중 일부는 최고도의 자명성을 가지며 직접적 기억의 진리도 이와 거의 마찬가지로 최고도의 자명성을 갖는다. 귀납의 원리는 예컨대 '참된 전제에서 귀결되는 것은 반드시 참이다'라는 논리학의 일부 다른 원리보다는 그 자명성이 덜하다. 기억은 시간적으로 멀어지고 희미해질수록 감소되는 자명성을 갖는다. 논리학과 수학의 진리는 (일반적으로 말하면) 복잡해질수록 그 자명성이 적어진다. 윤리학 또는 미학(美學)의 내재적인 가치판단은 어느 정도 자명성을 갖는 듯하지만 대단하지는 않다.

자명성의 정도는 인식론에서도 중요하다. 명제가 참이 아니면서도 어느 정도 자명성을 갖는다면(이렇게 보이는 경우가 있는 것처럼) 자명성과 진리 사이의 모든 관련을 포기할 필요는 없고 단지 명제 사이에 대립이 있는 경우에만 더 자명한 명제를 취하고 덜 자명한 명제를 버려야 한다고 말할 수 있기 때문이다.

그러나 앞에서 설명한 것처럼 두 개의 다른 개념이 자명성에 있어서 결합되는 경우는 매우 있음 직하다. 곧 그중 하나는 최고도의 자명성에 대응하는 것으로 사실상 진리에 대한 절대로 확실한 보증이고, 또 하나는 그 밖의 모든 정도의 자명성에 대응하는 것으로 절대로 확실한 보증은 되지 못하고 다소간의 추정(推定)에 지나지 않는다. 그러나 이것은 아직도 이에 대해 충분한 논의를 전개하지 않은 시사(示唆)에 지나지 않는다. 진리의 본성을 다룬 다음 우리는 지식과 오류의 구별과 관련해 자명성의 문제로 되돌아가게 될 것이다.

12
진리와 허위

사물에 대한 지식과는 달라서 진리에 대한 지식에는 대립되는 것, 곧 **오류**가 있다. 사물에 대해서는 우리는 그것을 알거나 알지 못하거나 할 뿐이며, 어쨌든 직접지에 의한 지식에 한정하는 한, 사물에 대한 잘못된 지식이라고 기술할 수 있는 적극적인 정신의 상태는 없다. 우리가 직접 아는 것은 무엇이든지 어떤 것이어야 하는 것이다. 우리는 직접지로부터 잘못된 추리를 할 수는 있으나 직접지 자체는 속이지 않는다. 따라서 직접지에 대해서는 어떠한 이원론(二元論)도 성립될 수 없다.

그러나 진리에 대한 지식에는 이원론이 있다. 우리는 참된 것과 마찬가지로 참되지 않은 것도 믿을 수 있다. 아주 많은 문제에 대해 여러 사람들이 각기 다르고 양립될 수 없는 의견을 갖는 것을 우리는 잘 알고 있다. 따라서 그중 어떤 신념은 잘못이 아닐 수 없다. 잘못된 신념도 참된 신념과 마찬가지로 강력하게 주장되므로 어떻게 잘못된 신념을 참된 신념에서 구별하는가 하는 것은 어려운 문제가 된다. 주어진 경우에 있어서 우리는 우리의 신념이 잘못이 아니라는 것을 어떻게 알 수 있는가? 이것은 매우 곤란한 문제이며 이 문제에 대해서는 완전히 만족스러운 대답은 불가능하다. 그러나 덜 어려운 예비적 문제가 있는데 그것은 다음과 같다. 곧 진리와 허위라는 말로 우리는 무엇을 **의미**하는가? 이 장에서 검토하려고 하는 것은 이러한 예비적 문제다.

이 장에서 우리는 어떤 신념이 참인지 거짓인지를 어떻게 알 수 있는가를 묻지 않고 어떤 신념이 참인지 거짓인지를 묻는 것이 무엇을 의미하는가를 묻고 있다. 이 물음에 분명한 대답을 얻으면 어떤 신념이 참인가 하는 문제에 대해서도 대답을 얻을 수 있을 것이다. 그러나 현재로서는 우리는 오직 '진리는 무엇인가?' 그리고 '허위는 무엇인가?'를 물을 뿐, '어떤 신념이 참인가?' '어떤 신념이 거짓인가?'는 묻지 않는다. 이 서로 다른 문제를 분명히 구별하는 것은 매우 중요하다. 이 두 문제를 혼동하면 그 어느 쪽에도 사실상 적용할 수 없는 대답이 나올 것이 분명하기 때문이다.

진리의 본성을 발견하고자 하는 경우 지켜야 할 세 가지 점, 어떤 이론이든 충족시켜야 할 세 가지 필요조건이 있다.

(1) 진리에 대한 우리의 이론은 대립되는 것, 곧 허위를 인정하는 것이어야 한다. 상당히 많은 철학자들이 이러한 조건을 적절하게 충족시키지 못했다. 그들은 우리의 모든 사고가 참이 되지 않을

수 없는 이론을 구성했으나 이때 가장 곤란한 것은 허위를 위한 자리를 찾아내는 것이었다. 이러한 점에서 신념에 대한 우리의 이론은 직접지에 대한 이론과는 다르지 않을 수 없다. 직접지의 경우에는 대립되는 것을 설명할 필요는 없었기 때문이다.

(2) 진리는 허위와 상관적이라는 의미에서는, 신념이 없으면 진리도 허위도 있을 수 없다고 하는 것은 아주 분명한 것 같다. 단순한 물질의 세계를 상상한다면 이러한 세계에는 허위가 있을 여지는 없을 것이며 이 세계에는 이른바 '사실'이 포함되어 있더라도 진리는 허위와 같은 종류의 것이라는 의미에서는 어떠한 진리도 포함되어 있지 않을 것이다. 사실상 진리와 허위는 신념이나 진술(陳述)의 성질이다. 따라서 단순한 물질의 세계에는 신념도 진술도 포함되지 않을 것이므로 진리나 허위도 포함되지 않을 것이다.

(3) 그러나 지금 말한 것과는 대조적으로 신념의 참 또는 거짓은 신념 자체의 밖에 있는 것에 언제나 의존하고 있다는 것을 인정하지 않으면 안 된다. 내가 찰스 1세는 교수대에서 죽었다고 믿는다면 단지 신념을 검토함으로써 발견될 수 있는 나의 신념의 내재적 성질 때문이 아니라 2세기 반 전에 일어난 역사적 사건 때문에 나는 이것이 참이라고 믿는 것이다. 내가 찰스 1세가 그의 침대에서 죽었다고 믿는다면 나의 신념은 거짓이다. 나의 신념이 아무리 생생하더라도, 또한 아무리 조심스럽게 이 신념에 도달했더라도 그것이 허위라는 것을 막지는 못한다. 또한 이 신념이 거짓인 것은 옛

날에 일어났던 사건 때문이지 나의 신념의 내재적 성질 때문은 아니다. 그러므로 진리와 허위는 신념의 성질이라 하더라도 신념 및 (신념과는) 다른 것의 관계에 의존하는 성질이고 신념의 내적(內的) 성질에 의존하는 성질은 아니다.

이 세 번째 필요조건으로 말미암아 우리는, 진리는 신념과 사실에 대응하는 어떤 형태에 있다고 하는 견해 — 이것은 대체로 철학자들 사이에서 가장 일반적인 견해였다 — 에 이르게 된다. 그러나 여러 가지 반론이 있고 이것은 완전히 논박할 수 없는 반론이므로 대응(對應)의 형식을 발견하는 것은 결코 쉽지 않은 문제다.

한편으로는 이러한 사실 때문에 — 또 한편으로는 진리가 사고와 사고 밖의 어떤 것과의 대응에 있다면 사고는 언제 진리가 획득되었는지를 결코 알 수 없을 것이라고 생각했기 때문에 — 많은 철학자들은 전적으로 신념의 밖에 있는 어떤 것과의 관계에 있는 것이 아니라고 하는 진리에 대한 정의를 찾아내려고 노력하게 되었다. 이러한 정의에 대한 가장 중요한 시도는 진리는 **정합성**(整合性)에 있다고 하는 이론이다. 이 이론에서는 허위의 징표는 우리의 신념에 정합성이 없다는 것이고 진리의 본질은 **진리**라는 완전히 완성된 체계의 한 부분을 이루는 데 있다고 말한다.

그러나 이 견해에는 한 가지 커다란 난점이 있다. 아니 오히려 두 가지 커다란 난점이 있다. 첫째는 신념의 정합적 체세가 꼭 **하나**만 가능하다고 생각할 이유가 없다는 것이다. 소설가는 충분한 상상력을 발휘해서 우리가 알고 있는 것에는 완전히 합치하지만 사실 상의 과거와는 완전히 다른 세계의 과거를 생각해낼지도 모른다. 더 과학적인 문제를 본다면 어떤 주제에 대해 알려진 모든 사실을 설명하는 하나 또는 그 이상의 가설이 있는 경우가 많다는 것은 확실하다. 그리고 이러한 경우 과학자는 하나의 가설을 제외하고는 모든 가설을 배제하는 사실을 찾아내려고 노력하지만 그들이 항상 성공해야 할 이유는 없다.

철학에서도 적대적인 두 가설이 그 어느 것이나 모든 사실을 설명할 수 있는 경우는 드물지 않다. 따라서 예컨대 인생은 긴 꿈에 지나지 않고 외부 세계는 꿈의 대상 정도의 실재성밖에 갖지 못한다는 것은 가능하다. 그러나 이러한 견해는 알려진 사실과 정합하지 못하는 것 같지는 않지만, 다른 사람과 사물이 사실상 존재한다고 보는 상식적 견해보다 이 견해를 더 낫다고 해야 할 이유는 없다. 이처럼 진리의 정의로서의 정합성은, 오직 하나만의 정합적 체계가 가능하다는 증명이 없기 때문에 실패한다.

이러한 진리의 정의에 대한 또 하나의 반론은 다음과 같다. 곧 이러한 정의는 '정합성'이라는 의미를 이미 알고 있는 것으로 가정하지만 사실은 '정합성'은 논리 법칙이 참이라는 것을 전제로 하고 있다는 것이다. 두 명제는 어느 것이나 참일 경우에는 정합적이지만 적어도 그중 하나가 거짓이 아닐 수 없을 때에는 비정합적이다.

그런데 두 명제가 모두 참인가 그렇지 않은가를 알기 위해서는 우리는 모순율 같은 진리를 알지 않으면 안 된다. 예컨대 '이 나무는 너도밤나무다' 및 '이 나무는 너도밤나무가 아니다'라는 두 명제는 모순율 때문에 정합적인 것일 수 없다. 그러나 모순율 자체가 정합성의 테스트를 받아야 한다면, 가령 모순율이 거짓이라고 가정하더라도, 다른 것과 정합하지 못하는 것은 이미 하나도 없을 것이다. 따라서 논리 법칙은 그 안에서 정합성의 테스트가 행해지는 골격 또는 틀이며 논리 법칙 자체는 이 테스트에 의해 확립된다는 것이 불가능하다.

위와 같은 두 가지 이유로 보아 정합성을 진리의 의미를 부여하는 것으로서 받아들일 수는 없다. 그러나 정합성은 많은 진리가 알려진 다음에는 흔히 진리의 가장 중요한 **기준**이 되기도 한다.

그러므로 우리는 진리의 본성을 이루는 것으로서 **사실과의 대응**으로 되돌아가게 된다. 남은 문제는 '사실'이 무엇을 의미하는가, 그리고 신념이 참된 것으로 되기 위해 신념과 사실 사이에 있어야 하는 대응의 본질은 무엇인가 하는 점을 정확하게 규정하는 것이다.

앞서 말한 세 가지 필요 요건에 따라 우리는 (1) 진리가 대립적인 것, 곧 허위를 갖는다는 것을 인정하고, (2) 진리를 신념의 성질로 만들고, (3) 진리를 신념과 외부 사물의 관계에 전적으로 의존하는 성질로 만드는 진리론을 추구하지 않으면 안 된다.

허위를 인정해야 할 필요성 때문에 신념을 정신과 단일한 대상—믿고 있는 것이라고 말할 수 있다—의 관계라고 보는 것은 불가능하다. 신념을 이 같은 것으로 본다면 직접지의 경우와 마찬가지로 신념은 진리와 허위의 대립을 인정하지 않을 것이고 언제나 참이 아니면 안 될 것이다. 이 점은 예를 통해 분명해질 것이다.

오셀로는 데스데모나가 캐시오를 사랑한다고 잘못 믿고 있다. 우리는 이러한 신념이 '캐시오에 대한 데스데모나의 사랑'이라는 단일한 대상에만 관계된다고 말할 수는 없다. 이러한 대상이 있다면 이 신념은 참일 것이기 때문이다. 사실은 이러한 대상은 없으며 따라서 오셀로는 이러한 대상과 관계를 가질 수 없다. 그러므로 그의 신념은 이러한 대상과의 관계에 있을 수는 없는 것이다.

그의 신념은 다른 대상, 곧 '데스데모나가 캐시오를 사랑하는 것'에 관계되는 것이라고 말할 수도 있을 것이다. 그러나 데스데모나가 캐시오를 사랑하지 않을 때에는 이러한 대상이 있다고 생각하는 것은 '캐시오에 대한 데스데모나의 사랑'이 있다고 생각하는 것과 마찬가지로 어려울 것이다. 그러므로 신념을 정신과 단일한 대상의 관계에 있다고 하지 않는 신념론을 추구하는 것이 좋으리라.

관계는 언제나 두 개의 항(項) 사이에서 성립한다고 보통 생각하지만 사실은 이것은 반드시 그렇지는 않다. 어떤 관계는 세 개의 항을, 어떤 것은 네 개의 항을 또는 더 이상의 항을 요구한다. 예컨대 '~의 사이에'라는 관계를 보기로 하자. 단지 두 개의 항밖에 없다면 '~의 사이에'라는 관계는 불가능하다. 이 관계를 가능하게 하는 것은 최소한 세 개의 항이다. 요크는 런던과 에든버러 사이에 있지만 런던과 에든버러가 세계에 있는 유일한 장소라면 한 장소와 또 한 장소 사이에는 아무것도 있을 수 없다. 마찬가지로 **질투**도 세 사람을 요구한다. 적어도 세 사람이 포함되지 않는 한 이러한 관계는 있을 수 없다.

'A는 B가 C와 D의 결혼을 촉진하기를 바란다'라는 명제에는 네 항의 관계가 모두 포함된다. 곧 A, B, C, D가 모두 나오고 그 사이의 관계는 네 사람 전부를 포함하는 형식이 아니면 표현될 수 없다. 이러한 예는 무수하지만 그러한 관계가 생기기 위해서 두 개 이상의 항을 요구하는 관계가 있다는 것을 밝히는 데는 이상의 예로 충분할 것이다.

판단하는 것 및 **믿는 것**에 포함된 관계는, 만일 허위를 정당하게 인정해야 한다면, 두 항 사이의 관계가 아니라 몇 개의 항 사이의 관계로 생각해야 한다. 오셀로가 데스데모나는 캐시오를 사랑한다고 믿을 때 그의 정신 앞에는 '캐시오에 대한 데스데모나의 사랑'이든가, '데스데모나가 캐시오를 사랑하는 것'이라는 단일한 대상을 갖고 있는 것이 아님은 분명하다. 만일 그렇다면 어떠한 정신에서도 독립해서 존재하는 객관적인 허위가 있어야 하기 때문이다. 그런데 이것은 논리적으로 논박할 수는 없지만 가능하다면 피해야 할 이론이다. 그러므로 판단을 한 관계, 곧 그 안에서 정신 및 여러 가지 대상이 모두 따로따로 일어나는 관계라고 생각하는 것이 허위를 더 쉽게 설명할 수 있다.

다시 말하면 데스데모나, 사랑하는 것, 캐시오는 모두 오셀로가 데스데모나는 캐시오를 사랑한다고 믿을 때에 존재하는 관계 속에 있는 여러 항이어야 한다. 따라서 이 관계는, 오셀로도 이 관계의 한 항이므로 네 항의 관계다. 네 항의 관계라고 말할 때 우리가 의미하는 것은, 오셀로가 데스데모나와 어떤 관계를 가지며 사랑한다는 것 및 캐시오와도 동일한 관계를 갖는다는 것은 아니다. 이것은 믿는다는 것 이외의 관계에서는 그럴지도 모르지만 분명히 믿는다는 것은 오셀로가 관련된 세 항과 **각기** 갖는 관계가 아니라 네 항 **전부**와 함께 갖는 관계다. 여기에 포함된 것은 믿는다는 관계의 한 예에 지나지 않지만 이 한 예는 네 개의 항을 결합한다.

그러므로 오셀로가 그의 신념을 품고 있는 순간에 일어나는 일은 '믿는 것'이라고 불리는 관계가 오셀로, 데스데모나, 사랑하는 것, 캐시오라는 네 개의 항을 하나의 복합적 전체로 결합하는 것이다. 신념 또는 판단이라고 불리는 것은 정신을 그 자체 이외의 여러 가지 대상과 관련시키는, 믿는다고 하는 또는 판단한다고 하는 이러한 관계에 지나지 않는다. 신념 또는 판단의 **작용**은 어떤 특정한 시간에 어떤 항들 사이에 믿는다는 또는 판단한다는 관계가 생기는 것이다.

이제 우리는 참된 판단을 거짓 판단에서 구별하는 것이 무엇인가를 이해할 수 있는 위치에 있다. 이러한 목적을 위해 우리는 어떤 정의(定義)를 채택하기로 한다. 모든 판단 작용에는 판단하는 정신이 있고, 그것에 대해 정신이 판단하는 여러 항들이 있다. 우리는 정신을 판단의 **주체**(主體)라고 부르고 그 밖의 항들을 **객체**라고 부르기로 한다. 따라서 오셀로가 데스데모나는 캐시오를 사랑한다고 판단할 때 오셀로는 주체이며 한편 데스데모나, 사랑하는 것, 캐시오는 객체다.

주체와 객체를 합쳐서 판단의 **구성 요소**라고 부른다. 판단한다고 하는 관계에는 **지향** 또는 **방향**이라고 부르는 것이 있음을 알아야 할 것이다. 우리는 비유적으로 판단은 그 대상을 어떤 **순서**로 배열한다고 말할 수 있다. 이 순서는 문장의 말의 순서에 의해 지시된다(굴절어(屈折語)에 있어서는 같은 것이 어미 변화, 예컨대 주격과 대격(對格)에 의해 지시될 것이다). 캐시오는 데스데모나를 사랑한다는 오셀로의 판단은 같은 구성 요소로 이루어졌음에도 데스데모나는 캐시오를 사랑한다는 그의 판단과는 다르다. 판단한다는 관계가 두 경우에 있어서 그 구성 요소를 다른 순서로 배열하기 때문이다. 마찬가지로 캐시오가 데스데모나는 오셀로를 사랑한다고 판단한다면 판단의 구성 요소는 역시 같지만 그 순서는 다르다.

'지향' 또는 '방향'을 갖게 되는 이러한 성질은, 판단한다는 관계가 그 밖의 다른 모든 관계와 공유하는 성질이다. 관계의 '지향'은 순서와 계열의 궁극적 원천이고 수학적 개념의 기본(基本) 가운데 하나다. 그러나 우리는 이 이상 이러한 측면에 관심을 가질 필요는 없다. 우리는 '판단하는 것' 또는 '믿는 것'이라고 하는 관계는 주체와 객체를 하나의 복합적 전체로 결합하는 것이라고 말했다. 이러한 점에서는 판단한다는 것은 모든 다른 관계와 똑같다. 어떤 관계가 둘 또는 그 이상의 항 사이에서 성립하는 경우에는 언제나 관계는 이 항들을 복합적 전체로 통일하는 것이다.

오셀로가 데스데모나를 사랑한다면 '데스데모나에 대한 오셀로의 사랑'이라는 복합적 전체가 있다. 이러한 관계에 의해 통일되는 항들은 그 자체가 복합적이거나 단순한 것이지만 이 항들이 통일됨으로써 생긴 전체는 반드시 복합적이다. 어떤 항들을 관련시키는 관계가 있는 경우에는 언제나 이러한 항들의 통일로 형성된 복합적 대상이 있다. 반대로 복합적 대상이 있는 경우에는 언제나 그 구성 요소를 관련시키는 관계가 있다. 믿는다는 작용이 일어날 때에는 여기에는 하나의 복합체가 있으며 이 복합체에 있어서는 '믿는 것'은 통일하는 관계고 주체와 객체는 믿는다는 관계의 '지향'에 의해 어떤 순서로 배열된다.

'오셀로는 데스데모나가 캐시오를 사랑한다고 믿는다'는 것을 고찰할 때에 본 것처럼 대상 가운데 하나는 관계 — 이 경우에는 관계는 '사랑하는 것' — 여야 한다. 그러나 이러한 관계는 믿는다는 작용에서 생길 때에는 주체와 객체로 이루어진 복합적 전체의 통일성을 산출하는 관계는 아니다. '사랑한다'는 관계는 믿는다는 작용에서 생길 때에는 객체 가운데 하나다 — '사랑하는 것'은 건축에 있어서의 벽돌이고 시멘트는 아니다. 시멘트는 '믿는다'는 관계다.

이 신념이 **참**이라면 또 하나의 복합적 통일체가 있게 되고, 이 통일체에서는 이 신념의 객체의 하나였던 관계는 다른 객체와 관계한다. 따라서 예컨대 오셀로가 데스데모나는 캐시오를 사랑한다고 믿는 것이 **참**이라면 '캐시오에 대한 데스데모나의 사랑'이라는 복합적 통합체가 있으며 이 통일체는 오직 이 신념의 **객체**로만 구성되어 있고 그 순서는 신념의 경우와 마찬가지며 객체의 하나였던 관계가 이제는 이 신념의 다른 객체들을 결합하는 시멘트로서 등장한다. 한편 어떤 신념이 **거짓**일 때는 오직 이 신념의 객체로만 구성된 이러한 복합적 통일체는 없다. 오셀로가 데스데모나는 캐시오를 사랑한다고 믿는 것이 **거짓**이라면 '캐시오에 대한 데스데모나의 사랑'이라는 복합적 통일체는 없다.

이처럼 어떤 신념이 어떤 결합된 복합체와 **대응**할 때는 **참**이고 대응하지 않을 때는 **거짓**이다. 명확성을 위해서 이 신념의 객체는 두 개의 항과 하나의 관계이고, 이 항들이 믿는 것의 '지향'에 의해 어떤 순서로 배열되었다고 가정하자. 그랬을 때 이러한 순서를 가진 두 개의 항이 관계에 의해 복합체로 통일된다면 이 신념은 **참**이고 그렇지 않으면 **거짓**이다. 이것이 우리가 추구해온 진리와 허위에 대한 정의다. 판단하는 것 또는 믿는 것은 정신이 한 구성 요소가 되는 어떤 복합적 통일체다. 그 밖의 구성 요소들이 신념에 있어서의 순서에 따라 복합적 통일체를 형성한다면 이 신념은 참이고 그렇지 않으면 거짓이다.

따라서 진리와 허위는 신념의 성질이지만 어떤 의미에서는 외적(外的)인 성질이다. 어떤 신념의 진리의 조건은 신념 또는 (일반적으로 말해서) 정신을 포함하는 것이 아니라 오직 신념의 **객체**만을 포함하는 것이기 때문이다. 어떤 것을 믿는 정신은 정신을 포함하지 않고 오직 객체만을 포함하는 복합체가 **대응**하면 그 믿는 바가 참이다. 이러한 대응이 진리를 보증하고 이러한 대응이 없으면 거짓이 된다. 그러므로 우리는 동시에 신념은, (a) 그것이 **존재**하기 위해 정신에 의존하고, (b) 그것이 **진리**이기 위해서는 정신에 의존하지 않는다는 두 가지 사실을 설명하고 있다.

우리의 이론을 다음과 같이 고쳐서 말할 수 있을 것이다. '오셀로는 데스데모나가 캐시오를 사랑한다고 믿고 있다'는 신념을 예로 든다면 데스데모나와 캐시오는 객체 항(客體項, object-term)이고 사랑하는 것은 객체 관계(客體關係, object-relation)다. 객체 관계에 의해 신념의 경우와 마찬가지 순서로 관련된 객체 항으로 이루어진 '캐시오에 대한 데스데모나의 사랑'이라는 복합적 통일체가 있다면 우리는 이 복합적 통일체를 **신념에 대응하는 사실**이라고 부르기로 한다. 따라서 신념은 대응하는 사실이 있으면 참이고 대응하는 사실이 없으면 거짓이다.

정신이 진리와 허위를 **창출**하지 않는 것은 분명하리라. 정신은 신념을 창출하지만 일단 신념이 생기면 정신은 이 신념을 참 또는 거짓으로 만들지는 못한다. 예컨대 기차 시간을 맞춰 가는 경우처럼 믿는 사람의 능력의 범위 안에 있는 미래의 일에 관계되는 특별한 경우를 제외하고는 신념을 만드는 것이 **사실**이고, 이 사실에는 (예외적인 경우를 제외하고는) 이 신념을 갖고 있는 사람의 정신은 결코 포함되지 않는다.

이제 진리 또는 허위가 무엇을 **의미**하는가를 결정했으므로 다음에는 이러저러한 신념이 참인지 거짓인지를 아는 방법이 무엇인가를 고찰하지 않으면 안 된다. 다음 장에서는 이러한 것을 고찰할 것이다.

13
지식, 오류, 개연적 의견

앞 장에서 고찰한 진리와 허위는 무엇을 의미하는가 하는 문제
는 참된 것과 참되지 않은 것을 어떻게 알 수 있는가 하는 문제보다
는 훨씬 흥미가 떨어지는 것이다. 이 장에서는 어떻게 참과 거짓을
알 수 있는가 하는 문제를 다루기로 한다. 우리의 신념 중에서 **어떤
것**은 잘못이라는 것은 의심의 여지가 없다. 따라서 우리는 어떠한
확실성을 근거로 이러저러한 신념은 잘못이 아니라고 할 수 있는가
를 추구하게 된다. 다시 말하면 도대체 우리는 무엇을 '안다'고 할
수 있는가, 또는 단지 우연히 때때로 참된 것을 믿는 것인가? 그러
나 이 문제를 추구하기 전에 우리는 우선 '안다는 것'은 무엇을 의미
하는가를 결정해야 하며 이 문제는 흔히 생각하는 것처럼 쉬운 것
은 아니다.

얼핏 보면 지식은 '참된 신념'이라고 정의할 수 있다고 생각할지

도 모른다. 우리가 믿는 것이 참일 때, 우리는 우리가 믿는 것에 대한 지식에 도달한다고 생각할지도 모른다. 그러나 이것은 지식이라는 말이 보통으로 사용되고 있는 방식과는 합치하지 않는다. 사소한 예를 들어 보자. 어떤 사람이 전 수상(首相)의 성은 B로 시작된다고 믿는다면 그의 신념은 참되다. 전 수상은 헨리 캠벨 배너먼 경(Sir Henry Campbell Bannerman)이었기 때문이다. 그러나 그가 밸푸어(Balfour)가 전 수상이라고 믿고 있다 하더라도 그는 역시 전 수상의 성은 B로 시작된다고 믿을 것이다. 그렇지만 이 신념은 참이라 하더라도 지식을 구성하지는 못할 것이다

어떤 신문이 어떤 전투의 결과를 알리는 전보를 받기 전에 그 결과를 재치 있게 미리 예측해 보도했는데 요행히 뒤에 예측한 대로 결과가 이루어졌다면 경험이 적은 독자의 마음속에 보도에 대한 신념을 일으킬 수도 있을 것이다. 그러나 그들의 신념이 참된 것임에도 그들이 지식을 가졌다고 말할 수는 없다. 그러므로 참된 신념이 거짓 신념에서 연역되었을 때에는 그것이 참된 신념이라 하더라도 지식이 아닌 것은 명백하다.

마찬가지로 참된 신념은, 비록 그것을 연역한 전제는 참이더라도, 잘못된 추리 과정에 의해 연역되었을 때는 지식이라고 부를 수 없다. 만일 내가 모든 그리스 사람들은 인간이었음을 알고 또한 소크라테스는 인간이었음을 알아서 소크라테스는 그리스 사람이었다고 추리한다면 나는 소크라테스가 그리스 사람이었음을 **안다**고 말할 수는 없다. 비록 나의 전제와 나의 결론은 참이더라도 결론이

전제에서 귀결되지 않기 때문이다.

그렇다면 참된 전제에서 타당하게 추리된 것 외에는 어떤 것도 지식이 아니라고 말해야 할 것인가? 분명히 우리는 이렇게 말할 수는 없다. 이러한 정의는 너무 광범하면서 동시에 너무 협착하다. 첫째로 우리의 전제는 **참**된 것만으로는 충분하지 않고 또한 **인식**되어야 하기 때문에 이러한 정의는 너무 광범하다. 벨푸어가 전 수상이었다고 믿는 사람은 전 수상의 성은 B로 시작된다는 참된 전제에서 타당하게 연역을 할 수는 있으나 이러한 연역에 의해 도달되는 결론을 **알고 있다**고 말할 수는 없다. 그러므로 우리는, 지식은 **인식된** 전제에서 타당하게 연역된 것이라고 말함으로써 우리의 정의를 수정하지 않을 수 없을 것이다.

그러나 이것은 순환 논법적인 정의다. 이 정의에서는 우리가 이미 '인식된 전제'의 의미를 알고 있다고 가정한다. 그러므로 이것은 기껏해야 한 지식, 곧 직관적 지식에 대립되는 것으로서 우리가 파생적 지식이라고 부른 것을 정의하는 것에 지나지 않는다. 우리는 다음과 같이 말할 수 있다. '**파생적** 지식은 직관적으로 인식된 전제로부터 타당하게 연역된 것이다.' 이러한 진술에는 형식적 결함은 없지만 **직관적** 지식의 정의가 추구해야 할 것으로 남아 있다.

잠시 직관적 지식의 문제는 제쳐두기로 하고 위에서 말한 파생적 지식의 정의를 보기로 하자. 이 정의에 대한 주요한 반론은 이 정의가 부당하게 지식을 한정한다는 것이다. 어떤 직관적 지식 때문에 생겼고 또한 이 직관적 지식에서 타당하게 추리될 수 있는 것이지만, 사실의 문제로서는 직관적 지식으로부터 어떠한 논리적 과정에 의해서도 추리되지 않는 신념을 사람들이 참된 신념으로 받아들이는 경우는 얼마든지 있는 것이다.

예로서 독서에 의해 생기는 신념을 보기로 하자. 신문이 왕의 죽음을 보도한다면 우리가 왕이 죽었다고 믿는 것은 상당히 정당화된다. 이것은 만일 거짓이라면 나오지 않을 보도이기 때문이다. 또한 우리가 신문이 왕의 죽음을 단정하고 있다고 믿는 것은 충분히 정당화된다. 그러나 여기서 우리의 신념의 기초가 되고 있는 직관적 지식은 이 소식을 전하는 인쇄물을 보고 얻은 감각소여의 존재에 대한 지식이다. 이 지식은 글을 잘 알지 못하는 사람을 제외하고는 거의 의식에 나타나지 않는다.

어린애는 글씨의 모양을 의식하고 조금씩 고통스럽게 그 의미를 획득할 것이다. 그러나 읽는 데 익숙한 사람은 당장 글씨가 의미하는 바를 직접 이해하지 인쇄된 글씨를 본다고 하는 감각소여에서 이러한 지식을 이끌어냈다는 것을 인식하지 않는다. 물론 반성하는 경우는 예외다. 따라서 글씨로부터 그 의미를 타당하게 추리하는 것은 가능하고 독자가 그렇게 하려고 한다면 **할 수도 있는** 일이지만 사실은 이러한 일은 수행되지 않는다. 그는 사실상은 논리적 추리라고 하는 조작을 하지 않기 때문이다. 그러나 신문이 왕의 죽음을 보도한 것을 독자가 **알지** 못한다고 말하는 것은 불합리할 것이다.

그러므로 타당한 논리적 관련이 **있고**, 당사자가 반성에 의해 이러한 관련을 의식할 수 있다면 우리는 단순한 연상에 의한 것일지라도 직관적 지식의 결과는 무엇이든지 파생적 지식이라고 인정하지 않을 수 없다. 사실상 논리적 추리 외에도 우리가 하나의 신념에서 다른 신념으로 넘어가는 방법은 많이 있다. 인쇄된 것에서 그 의미로 이행하는 것은 이러한 방법의 한 예다. 이러한 방법들은 '심리적 추리'라고 부를 수 있다. 따라서 심리적 추리와 병행하는 논리적 추리를 발견할 수 있다면 이러한 심리적 추리를 파생적 지식을 획득하는 한 수단으로 인정할 것이다.

이것은 파생적 지식에 대한 정의를 우리가 원하는 것보다는 덜 정확한 것으로 만든다. '발견할 수 있다면'이라는 말이 애매하고, 그것이 발견되기 위해 어느 정도의 반성이 필요한가를 말하고 있지 않기 때문이다. 그러나 사실상 '지식'은 정확한 개념이 아니다. 이 장에서 앞으로 자세히 검토하겠지만 지식은 '개연적 의견'과 구별하기 어렵다. 그러므로 아주 정확한 정의를 추구해서는 안 될 것이다. 이러한 정의는 어느 것이나 다소간 오해를 일으킬 것이 틀림없기 때문이다.

그러나 지식에 대해 일어나는 주요한 난점은 파생적 지식에 있지 않고 직관적 지식에 있다. 파생적 지식을 다루고 있는 한 우리는 직관적 지식의 테스트에 의지할 수 있다. 그러나 직관적 신념에 대해서는 어떤 것을 참, 다른 것을 거짓이라고 구별하는 기준을 발견한다는 것이 결코 쉽지 않다. 이 문제에 있어서는 어떤 아주 정확한 결과에 도달한다는 것은 거의 불가능하다. 진리에 대한 우리의 모든 지식에는 **어느** 정도 의심이 섞여 있으며 이러한 사실을 무시하는 이론은 분명히 잘못일 것이다. 그러나 이 문제의 난점을 완화하는 수단이 없는 것은 아니다.

우선 우리의 진리론은 어떤 진리를 그 무류성(無謬性)을 보증한다는 의미에서 **자명하다**고 구별할 가능성을 제시한다. 앞서 말한 것처럼 어떤 신념이 참일 때에는 여기에 대응하는 사실이 있고, 이러한 사실에서는 신념의 몇 개 대상들이 단일한 복합체를 이룬다. 신념은 이 장에서 지금까지 고찰한 약간 막연한 조건들을 충족시킨다면 이러한 사실에 대한 **지식**을 구성한다고 말할 수 있다.

그러나 어떠한 사실에 대해서도 신념에 의해 구성된 지식 이외에 **지각**(이 말의 가능한 한 가장 넓은 의미에 있어서)에 의해 구성된 지식도 있는 것이다. 예컨대 당신이 해가 지는 시간을 알고 있다면 그 시간에 해가 지고 있다는 사실을 알 수 있다. 이것은 **진리**에 대한 지식에 의한, 이 사실에 대한 지식이다. 그러나 당신은 또한 날씨가 좋다면 서쪽을 바라보고 실제로 해가 지는 것을 볼 수 있다. 그러면 당신은 **사물**에 대한 지식에 의해 같은 사실을 알 수 있다.

따라서 복합적인 사실에 대해서 이론적으로 그것을 알 수 있는 두 가지 방법이 있다. 곧 (1) 판단 —이 판단에서는 그 몇 부분은 사실상 관계되고 있는 대로 관계된다고 판단된다— 에 의해서, (2) 복합적 사실 자체에 대해 **직접지** —이 직접지는 결코 감관의 대상에 국한되지는 않지만 (넓은 의미에서) 지각이라고 부를 수 있다— 에 의해서 알 수 있다. 그런데 복합적 사실을 아는 두 번째 방법, 곧 직접지에 의한 방법은 사실상 그러한 사실이 있을 때에만 가능하며,

한편 첫 번째 방법은 온갖 판단과 마찬가지로 오류를 범하기 쉽다는 것을 간과해서는 안 된다. 두 번째 방법은 복합적 전체를 제시하므로 실제로 이러한 복합체를 형성하도록 결합하는 관계를 그 부분들이 갖고 있을 때에만 가능하다. 한편 첫 번째 방법은 그 부분들과의 관계를 따로따로 제시하므로 오직 부분들의 실재와 관계의 실재를 요구할 뿐이다. 곧 관계는 이 부분들을 이러한 방식으로 관계시키지 않을지도 모르는데도 이러한 판단이 생기는 것이다.

11장 끝 부분에서 두 종류의 자명성, 곧 하나는 진리에 대한 절대적 보증이 되고 또 하나는 오직 부분적 보증이 될 뿐인 자명성이 있다고 말한 것을 기억할 것이다. 이 두 종류를 이제는 구별할 수 있다.

우리는 진리에 대응하는 사실을 직접 알 때 첫 번째의 가장 절대적인 의미에서 진리가 자명하다고 말할 수 있다. 오셀로가 데스데모나는 캐시오를 사랑한다고 믿을 때 여기에 대응하는 사실은, 만일 그의 신념이 참되다면, '캐시오에 대한 데스데모나의 사랑'일 것이다. 이것은 데스데모나 외에는 아무도 직접 알 수 없는 사실일 것이다. 그러므로 우리가 고찰하고 있는 자명성의 의미에서는 데스데모나가 캐시오를 사랑한다는 진리(만일 이것이 사실이라면)는 데스데모나에게만 자명할 수 있을 것이다.

모든 정신적 사실, 그리고 감각소여와 관계되는 모든 사실은 이와 동일한 개인적 성격을 갖는다. 정신적 사실 또는 관련된 감각소여를 직접 알 수 있는 사람은 오직 한 사람뿐이므로 우리가 지금 말하고 있는 의미에서 이러한 사실 또는 감각소여가 자명한 것은 오직 한 사람에 국한된다. 그러므로 존재하는 특수한 사물에 대한 사실은 오직 한 사람에게만 자명할 수 있다. 한편 보편에 대한 사실은 이러한 개인적 성격을 갖지 않는다.

많은 정신이 동일한 보편을 직접 알 수 있는 것이다. 그러므로 보편 사이의 관계는 직접지에 의해 많은 다른 사람들에게 인식될 수 있다. 어떤 관계를 가진 어떤 항들로 이루어진 복합적 사실을 직접지에 의해 아는 모든 경우에 있어서 이러한 항들이 이러한 관계를 가진 진리는 첫 번째의 절대적 자명성을 가지며, 이러한 경우 이러한 항들이 이러한 관계를 가진다고 하는 판단은 **반드시** 참이어야 한다고 우리는 말한다. 따라서 이러한 종류의 자명성은 진리의 절대적 보증이다.

그러나 이러한 종류의 자명성이 진리의 절대적 보증이라 하더라도 그것은 주어진 어떠한 판단의 경우에 이 판단이 참이라는 것을 **절대적으로** 확신할 수 있게 하는 것은 아니다. 해가 빛나고 있다는 것—이것은 복합적 사실이다—을 먼저 지각하고 다음에 '해가 빛난다'는 판단을 한다고 하자. 지각에서 판단으로 넘어가려면 주어진 복합적 사실을 분석하지 않을 수 없다. 우리는 '해'와 '빛나는 것'을 사실의 구성 요소로서 분리해야 한다. 이 과정에서 오류를 범하는 것은 가능하다. 그러므로 어떤 **사실**이 첫 번째의 절대적 자명성을 가질 때에도 이 사실에 대응한다고 믿어지는 판단은 절대적으로 오류를 범하지 않는다고 할 수는 없다. 이 판단은 실제로는 사실과 대응하지 않을지도 모르기 때문이다. 그러나 만일 (앞 장에서 설명한 의미에서) 대응한다면 이 판단은 참이 **아닐 수 없다.**

두 번째 종류의 자명성은 우선 판단에 속하는 것이고 단일한 복합적 전체로서의 사실의 직접적 자각에서 나오는 것은 아니다. 이 두 번째의 자명성은 최고도의 것에서부터 간신히 신념이라고 할 수 있는 것에 이르기까지 그 정도가 다를 것이다. 예컨대 단단한 길을 달려가며 우리들에게서 멀어져가는 말을 생각해보자. 우선 말발굽 소리를 듣는 우리의 확실성은 완전하지만 주의 깊게 들으면 점차로 어쩌면 상상이거나 위층의 차양 소리거나 심장이 뛰는 소리가 아니었을까 생각하게 되는 순간이 온다.

마침내는 도대체 소리가 들렸을까 의심하게 된다. 그리고 이미 아무 소리도 안 들린다고 **생각하고** 마침내 아무 소리도 안 들린다는 것을 **안다.** 이 과정에서 자명성은 최고도의 것에서 최소의 것에 이르기까지 계속해서 차이를 갖게 되며 그 차이는 감각소여 자체에 있는 것이 아니라 감각소여에 바탕을 둔 판단에 있다.

또 한 가지 예를 들자. 하나는 푸르고 하나는 녹색인 두 색조를 비교하고 있다고 하자. 우리는 이 색조들이 다르다는 것을 분명히 확신할 수 있으나 녹색이 점차 푸른색에 가깝게 변해 처음에는 청록색이 되고 다음에는 녹색을 띤 청색이 되고 그다음에는 청색이 된다면 우리가 어떤 차이를 볼 수 있는지 의심스러운 순간이 오고 다음에는 우리는 어떠한 차이도 알 수 없다는 것을 알게 되는 순간이 온다. 악기를 조율할 때에도 같은 일이 일어나고 연속적 차이가 있는 경우에는 언제나 이러한 일이 일어난다. 따라서 이러한 종류의 자명성은 정도의 문제고, 더욱 높은 정도는 더욱 낮은 정도보다 더욱 신뢰할 수 있다는 것이 분명한 것 같다.

파생적 지식에 있어서도 우리의 궁극적 전제는 어느 정도 자명성을 가져야 하고 또한 이러한 전제에서 연역된 결론과의 관련도 어느 정도 자명성을 가져야 한다. 한 예로서 기하학에 있어서의 추리를 생각해보자. 우리가 출발점으로 삼는 공리(公理)가 자명하다는 것만으로는 충분하지 않다. 추리의 각 단계에서 전제와 결론의 관련이 자명해야 하는 것도 마찬가지로 필요하다. 어려운 추리의 경우에는 이러한 관련은 흔히 근소한 자명성밖에 갖지 못한다. 그러므로 이러한 어려움이 큰 경우에는 추리가 잘못되는 경우도 없지 않다.

지금까지 말해온 것으로 보아 직관적 지식에 대해서나 파생적 지식에 대해서나 다음과 같은 사실은 분명하다. 곧 직관적 지식을 그 자명성의 정도에 따라 신뢰할 수 있다면 명확한 감각소여의 존재, 논리학이나 수학의 간단한 진리 등 아주 확실하다고 할 수 있는 것으로부터 그 반대되는 것보다는 어느 정도 확실한 것 같다는 판단에 이르기까지 그 신뢰성에는 정도의 차이가 있다. 우리가 굳게 믿는 것이 참이고 그것이 직관적이거나, 또는 직관적인 지식 ─ 그것은 이 지식으로부터 논리적으로 귀결된다 ─ 으로부터 (논리적 또는 심리적으로) 추리된 것이라면 **지식**이라고 부른다.

우리가 굳게 믿는 것이 참이 아니라면 **오류**라고 부른다. 우리가 굳게 믿는 것이 지식도 오류도 아니라면 **개연적 의견**이라고 부르며 또한 최고도의 자명성을 갖지 못했거나 최고도의 자명성을 갖지 못한 것에서 나온 것이기 때문에 주저하면서 믿는 것도 마찬가지다. 그러므로 보통 지식으로 통하는 것은 대부분이 다소간에 개연적 의견이다.

개연적 의견에 대해서는 우리는 **정합성**으로부터 많은 도움을 받을 수 있다. 정합성은 진리에 대한 **정의**로서는 거부되었지만 흔히 한 **기준**으로서는 이용될 수 있다. 개별적인 개연적 지식의 집단은, 만일 그것들이 상호간에 정합적이라면, 개별적인 경우보다는 더욱 확실하다. 많은 과학적 가설은 이러한 방식으로 그 개연성을 획득한다. 과학적 가설은 개연적 의견의 정합적 체계에 적합함으로써 고립되어 있는 경우보다는 더 확실해지는 것이다. 일반적인 철학적 가설에 대해서도 같은 말을 할 수 있다.

이러한 가설은 단일한 경우에는 흔히 매우 의심스럽게 보이지만 이러한 가설을 개연적 의견의 집단에 도입시키는 질서와 정합성을 고려하면 거의 확실한 것이 된다. 이것은 특히 꿈과 깨어 있을 때의 생활을 구별하는 문제에 적용된다. 만일 우리의 매일 밤 꾸는 꿈이 깨어 있을 때와 마찬가지로 서로 정합적이라면 우리는 꿈을 믿어야 할 것인지 깨어 있을 때의 생활을 믿어야 할 것인지 거의 알 수 없을 것이다. 실제로는 정합성의 테스트에 의해 꿈은 믿을 수 없다고 하고 깨어 있을 때의 생활은 믿을 수 있다고 하는 것이다.

그러나 이러한 테스트는 성공하는 경우에는 정합성을 높여주기는 하지만, 정합적 체계의 어떤 점에 이미 확실성이 없는 한, 절대적 확실성을 주지는 못한다. 따라서 개연적 의견을 단지 조직화한다고 해서 그 자체가 의심할 수 없는 지식으로 변하지는 않을 것이다.

14
철학적 지식의 한계

    지금까지 철학에 대해 여러 가지로 살펴보았지만 대부분의 철학자들의 저술에서 큰 부분을 차지하는 많은 문제에 대해서는 거의 언급하지 않았다. 대부분의 철학자들 — 또는 적어도 매우 많은 철학자들 — 은 선천적인 형이상학적 추리에 의해 종교의 근본적 교의(敎義), 우주의 본질적 합리성, 물질의 허망성(虛妄性), 온갖 악(惡)의 비실재성 등을 증명할 수 있다고 공언한다. 이러한 주장을 믿을만한 이유를 발견하게 되리라는 희망이 생애에 걸쳐 철학을 연구하는 사람들을 주로 고무해왔다는 것은 의심의 여지가 없으리라. 그러나 이러한 희망은 헛된 것이라고 나는 믿는다.

    우주 전체에 대한 지식은 형이상학에 의해 획득될 것 같지 않으며 또한 논리적 법칙에 의해 이러이러한 것은 존재**해야 하고** 이러이러한 것은 존재할 수 없다는 것이 증명되었다 하더라도 이러한 증명은 비판적 음미를 견뎌내지 못할 것 같다. 이 장에서는 이러한 추리가 타당하다고 기대할 수 있는지를 알아보기 위해 이러한 추리가 시도되는 방식을 간단히 고찰하려고 한다.

우리가 검토하려고 하는 견해에 대한 근대의 위대한 대표자는 헤겔(G. W. F. Hegel, 1770~1831)이다. 헤겔의 철학은 매우 어려우며 해설가들은 그 올바른 해석에 대한 견해를 달리한다. 내가 채택하려는 해석은 대부분은 아니더라도 많은 해설가들이 채택하는 것이고 철학의 흥미롭고 중요한 형태를 제시한다는 장점을 갖고 있는데, 이 해석에 따르면 그의 주요한 주장은 전체성(全體性)이 없는 것은 어느 것이나 분명히 단편적이고 나머지 세계에 의해 보충되지 않으면 분명히 존재할 수 없다는 것이다.

비교해부학자가 하나의 뼈를 보고 전체적으로는 어떠한 동물이었는지를 아는 것처럼, 헤겔에 따르면 형이상학자는 실재의 한 조각을 보고 이 실재가 전체적으로는 어떠한 것인가를 — 적어도 그 대체적인 윤곽에 대해서는 — 안다는 것이다. 겉보기에는 떨어져 있는 것처럼 보이는 실재의 부분은 말하자면 이 부분을 다음 부분에 연결해주는 갈고리를 갖고 있는 것이다. 그다음 부분은 새로운 갈고리를 가지고…… 그래서 마침내 우주 전체가 재건된다.

헤겔에 따르면 이러한 본질적인 불완전성은 사고의 세계에 있어서나 사물의 세계에 있어서나 마찬가지다. 사고의 세계에서는 추상적인 또는 불완전한 개념을 검토하는 경우, 이것이 불완전하다는 것을 잊으면 우리는 모순에 빠진다는 것을 알게 된다. 이러한 모순은 이 관념을 대립적인 것 또는 반정립(反定立, antithesis)으로 바꿔놓는다. 그리고 이러한 모순을 피하려면 우리는 본래의 관념과 그 반정립의 종합(綜合, synthesis)인, 새롭고 덜 불완전한 관념을 찾아내야 한다. 이 새로운 관념은 우리가 출발점으로 삼은 관념보다는 덜 불완전하지만 아직도 전적으로 완전하지는 못하며 오히려 반정립으로 넘어가서 이 반정립과 함께 새로운 종합으로 결합되어야 하는 것이다.

이러한 방식으로 헤겔은 '절대적 관념'에 도달할 때까지 나아간다. 헤겔에 따르면 절대적 관념은 불완전하지 않고 대립이 없으며 더는 전개될 필요가 없다. 그러므로 '절대적 관념'은 '절대적 실재'를 기술하기에 적합한 것이다. 그러나 더욱 저급한 관념은 부분적인 관점에 나타나는 실재를 기술할 뿐이며 동시에 '전체'를 꿰뚫어 보는 사람에게 나타나는 실재를 기술하지는 못한다. 그러므로 헤겔은 절대적 실재가 단일한 조화로운 체계, 곧 시간에 있는 것도 아니고 공간에 있는 것도 아니며 어떠한 악도 없고 전적으로 합리적이고 전적으로 정신적인 체계를 형성한다는 결론에 도달한다.

우리가 알고 있는 세계에 이와 반대되는 현상이 있다면 그것은 전적으로 우주에 대한 우리의 관점이 단편적이기 때문임을 논리적으로 증명할 수 있다고 그는 믿는다. 만일 신이 보듯이 우리가 우주 전체를 볼 수 있다면 시간과 공간과 물질과 악과 모든 노력 및 투쟁은 사라질 것이고, 우리는 그 대신에 영원하고 완전하고 불변하는 정신적 통일체를 볼 것이다.

물론 이러한 사상에는 숭고하고 우리가 받아들이고 싶은 것이 있다. 그러나 이 사상을 지탱하는 논거를 조심스럽게 검토해보면 이러한 논거에는 많은 혼란과 시인할 수 없는 많은 가정이 있는 듯하다. 이 체계의 기초가 되고 있는 근본적 이론은, 불완전한 것은 자존적(自存的)인 것이 아니고 존재하기 위해서는 다른 사물의 도움이 필요하다는 것이다.

그 자신 이외의 것과 관계를 갖는 것은 무엇이든지 그 **본성**에 있어서 이러한 외적 사물과의 어떠한 관련을 포함해야 하고 따라서 외적 사물이 존재하지 않으면 현재와 같은 것일 수는 없다고 주장하는 것이다. 예컨대 인간의 본성은 그의 기억과 그 밖의 지식, 그의 사랑과 증오 등에 의해 구성되고, 따라서 그가 알거나 사랑하거나 미워할 대상이 없다면 그는 현재의 그일 수가 없는 것이다. 그는 본질적으로 또한 분명히 하나의 단편이다. 실재의 전체라고 생각한다면 그는 자기모순에 빠질 것이다.

그러나 이 견해는 전체적으로 사물의 '본성'이라는 개념에 의거하며 이 본성은 '사물에 대한 모든 진리'를 의미하는 것 같다. 한 사물을 다른 사물에 결합하는 진리는 다른 사물이 존재하지 않으면 존립할 수 없다는 것은 물론 사실이다. 그러나 사물에 대한 진리는 앞의 용어법에 따르면 사물의 '본성'의 한 부분이어야 하기는 하지만 사물 자체의 한 부분은 아니다. 사물의 '본성'이 사물에 대한 모든 진리를 의미한다면 우주에 있어서의 모든 사물의 모든 다른 사물과의 관계를 알지 못하는 한, 분명히 우리는 사물의 '본성'을 알수 없다. 그러나 '본성'이라는 말이 이런 의미로 사용되었다면 우리는 그 사물의 '본성'을 모르거나 적어도 완전히 모를 때에도 사물을 알 수 있다고 주장할 것이다.

'본성'이라는 말의 이러한 용법을 채택한다면 사물에 대한 지식과 진리에 대한 지식 사이에는 혼란이 생긴다. 우리는 어떤 사물에 대해 약간의 명제를 알고 있더라도 그 사물에 대한 지식을 가질 수있다—이론적으로는 이 사물에 대한 어떠한 명제도 알 필요가 없는 것이다. 따라서 사물에 대한 직접지에는 위와 같은 의미의 '본성'에 대한 지식은 포함되지 않는다. 또한 사물에 대한 어떤 명제를 아는 데에는 사물에 대한 직접지는 언제나 포함되지만 앞에서 말한 의미의 '본성'에 대한 지식은 포함되지 않는다.

그러므로 (1) 사물에 대한 직접지에는 논리적으로는 그 관계에 대한 지식이 포함되지 않으며, (2) 그 관계의 일부에 대한 지식에는 그 관계 전체에 대한 지식 또는 앞에서 말한 의미의 '본성'에 대한 지식은 포함되지 않는다. 예컨대 나는 내 이(齒)가 아픈 것을 직접 알 수 있고 이러한 지식은 치과의사(그는 내 치통을 직접 알지 못한다)가 그 원인이라고 말하는 것을 전혀 모르더라도, 따라서 앞에서 말한 의미에서의 '본성'을 모르더라도 직접지에 의한 지식에 가능한 한도 안에서는 완전할 것이다. 따라서 어떤 사물이 관계를 가진다는 사실은 그 관계가 논리적으로 필연적임을 증명하지는 않는다.

다시 말하면 그것이 이러한 사물이라는 단순한 사실로부터 이 사물이 반드시 가져야 하는 여러 가지 관계를 가져야만 한다고 연역할 수는 없다. 이러한 관계를 가져야 한다는 것은 우리가 이미 이러한 관계를 알고 있기 때문에 귀결되는 것 같다.

이처럼 우주 전체가 헤겔이 믿는 것 같은 단일한 조화로운 체계를 이룬다는 것을 우리는 증명할 수 없다. 이것을 증명할 수 없다면 또한 우리는 공간과 시간과 물질과 악의 비실재성을 증명할 수도 없다. 헤겔은 이것을 이러한 것들의 단편적인 관계적 성질로부터 연역했기 때문이다. 따라서 우리에게 남은 일은 세계를 단편적으로 연구하는 것이고 우리의 경험에서 멀리 떨어져 있는 우주의 부분들의 성격은 알 수 없는 것이다. 이러한 결과는 철학자들의 여러 가지 체계에 의해 (우주 전체를 알 수 있으리라는) 희망을 품게 된 사람들을 실망시키겠지만 현대의 귀납적이고 과학적인 기질에는 맞으며, 지금까지 앞의 각 장에서 해온 인간의 지식에 대한 모든 검토에 의해서도 확인된다.

형이상학자들의 위대하고 야심적인 시도는 대부분 현실 세계의 이러이러한 외관상의 특징은 자기모순을 가지며, 따라서 실재적일 수 없다는 것을 증명하려고 한 것이다. 그러나 근대 사상의 전체적 경향은, 이와 같이 상정(想定)된 모순은 환상적인 것이고 존재하지 **않으면 안 될** 것에 대한 고찰로부터 선택적으로 증명될 수 있는 것은 거의 없다는 것을 밝히는 방향으로 더욱 나아가고 있다. 그 좋은 예는 공간과 시간에서 볼 수 있다. 공간과 시간은 그 넓이에 있어 무한하고 무한히 분할 가능한 것 같다. 우리가 어느 방향으로든 일직선으로 나아간다면 마침내 그 이상으로는 아무것도 없고 공허한 공간조차도 없는 최후의 점에 도달하리라고 믿기는 어렵다. 마찬가지로 상상 속에서 과거 또는 미래로 나아간다면 우리는 그 이상으로는 공허한 시간조차도 없는 최초의 또는 최후의 시간에 도달하리라고 믿기는 어렵다. 따라서 공간과 시간은 무한히 분할 가능한 것 같다.

그러나 이러한 명백한 사실 — 무한한 넓이와 무한한 분할 가능성 — 에 반대하여 철학자들은, 사물의 무한한 집합은 있을 수 없고 따라서 공간 중의 점의 수, 시간 중의 순간의 수는 유한해야 한다는 것을 밝히려는 논의를 전개해왔다. 따라서 공간 및 시간의 명백한 성질과 무한집합은 불가능하다고 하는 생각 사이에는 모순이 생겼다.

이러한 모순을 처음으로 강조한 사람은 칸트인데, 그는 공간과 시간의 불가능성을 연역하고 공간과 시간은 주관적인 것에 지나지 않는다고 선언했다. 그리고 그 후로 매우 많은 철학자들이 공간과 시간은 단순한 현상이고 실재하는 세계의 특징은 아니라고 믿었다. 그러나 지금은 수학자, 특히 게오르크 칸토어(Georg Cantor, 1845~1918)의 노력에 의해 무한집합이 불가능하다는 것은 잘못이었음이 밝혀졌다. 사실 무한집합은 자기모순적인 것이 아니라 오히려 완고한 정신적 편견과 모순되는 데 지나지 않는다. 그러므로 공간과 시간을 비실재적이라고 생각하게 된 이유들은 정당성이 없어지고 형이상학적 구성의 커다란 원천 가운데 하나는 사라져버린다.

그러나 수학자들은 보통 생각하는 것처럼 공간이 가능하다는 것을 밝히는 것으로 만족하지 않았다. 그들은 또한 논리가 보여줄 수 있는 한, 공간의 다른 많은 형식도 마찬가지로 가능하다는 것을 밝혔다. 상식에 대해서는 필연적인 것 같고 전에는 철학자들에 의해 필연적인 것으로 생각되던 유클리드의 공리 중 일부는 이제 오직 우리가 현실의 공간과 친숙하다는 사실 때문에 필연성이라는 외관을 가지며, 어떤 선천적인 논리적 기초 때문에 그런 것은 아니라는 것이 알려졌다. 이러한 공리가 거짓이 되는 세계를 상상함으로써 수학자들은 상식의 편견을 약화시키고 우리가 살고 있는 공간과는—다소간에—다른 공간도 가능하다는 것을 보여주기 위해 논리학을 이용했다.

그리고 이러한 공간의 일부는 우리가 측정할 수 있는 거리와 관계되는 유클리드 공간과 거의 다르지 않기 때문에 우리의 현실적 공간이 엄밀하게 유클리드적인지 또는 다른 종류의 공간 가운데 하나인지를 관찰에 의해 알아낸다는 것은 불가능하다. 따라서 처지가 완전히 역전된다. 전에는 경험은 오직 한 종류의 공간만을 논리에 맡겨놓았고 논리는 이러한 종류의 공간이 불가능하다는 것을 증명한 것 같았다.

지금은 논리는 많은 종류의 공간이 경험을 떠나서 가능하다는 것을 보여주며, 경험은 이러한 공간 사이에서 오직 부분적으로 결정할 뿐이다. 따라서 존재하는 것에 대한 우리의 지식은 전에 생각했던 것보다는 적어지고 한편 존재할지도 모르는 것에 대한 우리의 지식은 엄청나게 많아진다. 우리는 모든 구석이나 틈을 다 볼 수 있는 좁은 벽에 갇혀 있는 것이 아니라 자유로운 가능성을 가진 열린 세계에 있는 것이다. 이 세계에서는 알아야 할 것이 많기 때문에 많은 것이 미지의 것으로 남아 있다.

공간이나 시간의 경우에 일어난 일은 다른 방면에서도 어느 정도 동일하게 일어난다. 선천적 원리에 의해 우주를 규정하려는 시도는 좌절되었다. 논리학은 이전처럼 가능성을 가로막는 것이 아니라 상상력의 위대한 해방자가 되어 무반성적인 상식에 갇혀 있는 무수한 이자택일을 제시하고, 논리가 우리의 선택에 맡겨놓은 많은 세계 사이에서, 결정이 가능한 경우에는, 결정하는 일을 경험에 맡겨놓았다. 따라서 존재하는 것에 대한 지식은 우리가 경험에서 배울 수 있는 것에 한정된다—그러나 우리가 현실적으로 경험할 수 있는 것에 한정되지는 않는다.

이미 본 것처럼 우리가 직접 경험하지 않는 사물에 대해서도 기술에 의한 많은 지식이 가능하기 때문이다. 그러나 기술에 의한 지식의 모든 경우에 있어서는 보편 사이의 관련이 필요하다. 보편 사이의 관련은 이러이러한 소여로부터 이 소여에 함축된 어떤 종류의 대상을 추리하는 것을 가능하게 하기 때문이다. 그러므로 예컨대 물질적 대상에 대해서 감각소여가 물질적 대상의 기호라는 원리는 그 자체가 보편 사이의 관련이다. 그리고 오직 이러한 원리 때문에 우리는 경험을 통해 물질적 대상에 대한 지식을 획득할 수 있다. 인과법칙에 대해서도, 또한 덜 일반적인 것으로 내려가면 중력의 법칙 같은 원리에 대해서도 같은 말을 할 수 있다.

중력의 법칙 같은 원리는 귀납 원리 같은 전적으로 선천적인 원리와 경험의 결합에 의해 증명된다. 아니 오히려 매우 개연적인 것이 된다. 그러므로 진리에 대한 모든 다른 지식의 원천이 되는 직관적 지식에는 두 종류가 있다. 하나는 순수한 경험적 지식으로 우리가 직접 아는 특수한 사물의 존재와 어떤 성질을 알려주는 것이고, 또 하나는 순수한 선천적 지식으로 보편 사이의 관련을 제시하고 경험적 지식에 주어진 특수한 사실로부터 추리하는 것을 가능하게 하는 것이다. 파생적 지식은 언제나 순수한 선천적 지식에 의존하며 또한 보통은 순수한 경험적 지식에 의존한다.

만일 앞에서 말한 것이 옳다면 철학적 지식은 본질적으로 과학적 지식과 다르지는 않다. 철학에는 열려 있으나 과학에는 열리지 않은 지혜의 특별한 원천은 없으며, 철학에 의해 획득된 결과는 과학에서 획득된 결과와 근본적으로 다르지 않다. 철학을 과학과 다른 학문으로 만드는 철학의 본질적 특징은 **비판**이다. 철학은 과학과 일상생활에서 채용되는 원리를 비판적으로 검토한다. 철학은 그 원리들에 있을지도 모를 비정합성을 찾아내며 비판적 연구의 결과로서 이 원리들을 거부할 이유가 없을 때에만 이 원리들을 받아들인다.

많은 철학자가 믿는 것처럼 과학의 근서에 놓인 원리들이, 불필요한 세목에서 풀려나 우주 전체에 대한 지식을 제공할 수 있다면 이러한 지식은 과학적 지식과 마찬가지로 믿어야 할 권리를 가질 것이다. 그러나 우리의 탐구는 이러한 지식을 찾아내지 못했고, 따라서 대담한 형이상학자들의 특수한 이론에 대해서는 대체로 부정적인 결과가 된다. 그러나 보통 지식으로서 받아들일 수 있는 것에 대해서는 우리의 결과는 대체로 긍정적이다. 우리의 비판의 결과인 이러한 지식을 거부할 이유는 거의 찾을 수 없고, 또한 일반적으로 사람들이 갖고 있다고 믿어지는 지식을 갖지 못한다고 생각해야 할 이유도 없는 것이다.

그러나 철학을 지식의 **비판**이라고 말할 때 어떤 한계를 설정할 필요가 있다. 만일 우리가 완전히 회의적인 태도를 하고 모든 지식의 밖에 있으면서 이러한 외부의 관점에서 지식 내부로 되돌아가야 한다면 우리는 불가능한 것을 요구하는 것이고, 이 회의주의는 결코 논박될 수 없다. 어떠한 논박이든 그것을 논의하는 자들이 공유하고 있는 지식의 단편에서 출발해야 하기 때문이다. 완전한 회의로부터는 어떠한 논의도 시작될 수 없다. 그러므로 철학이 채택하는 지식의 비판은, 어떤 성과를 얻을 수 있다면, 이처럼 파괴적인 것이어서는 안 된다. 이러한 절대적 회의주의에 대해서는 어떠한 **논리적** 논의도 전개될 수 없다. 그러나 이러한 회의주의가 불합리하다는 것을 알기는 어렵지 않다.

근대 철학을 탄생시킨 데카르트의 '방법적 회의'는 이처럼 파괴적인 비판이 아니라 오히려 우리가 철학의 본질이라고 주장하고 있는 그러한 비판이다. 그의 '방법적 회의'는 의심스러운 것은 무엇이

든지 의심하는 데 있었고, 아무리 확실한 듯한 지식일지라도 멈춰
서서 반성할 경우 그것을 사실상 알고 있다고 확신할 수 있는가라
고 자문하는 것이다. 이것은 철학의 본질을 이루는 비판이다. 감각
소여의 존재와 같은 어떤 지식은 우리가 아무리 냉정하고 철저하게
반성하더라도 전혀 의심할 수 없는 것 같다.

이러한 지식에 대해서는 철학적 비판은 믿는 것을 삼가라고 요
구하지 않았다. 그러나 우리가 반성을 시작할 때까지는 받아들여
지고 있었으나 면밀한 연구를 하게 되면 사라져버리는 신념 — 예
컨대 물질적 대상은 우리의 감각소여와 아주 비슷하다는 신
념 — 이 있는 것이다. 철학은 이러한 신념을 지탱하는 새로운 논
의가 발견되지 않는 한, 이러한 신념을 포기하라고 명령할 것이다.
그러나 아무리 면밀하게 검토하더라도 반론의 여지가 없는 듯한
신념을 포기하는 것은 불합리하며, 이는 철학이 지지하는 것도 아
니다.

한마디로 말하면 철학이 목적으로 하는 비판은 이유 없이 거
부할 것을 결정하는 비판이 아니라, 확실한 듯한 지식은 각기 그
장점을 고찰하고 이 고찰이 완결되었을 때에도 아직 지식으로 남
아 있는 것은 무엇이든지 유지하는 비판이다. 어느 정도 오류를
범할 위험이 남아 있다는 것도 인정하지 않을 수 없다. 인간은 오
류를 범하기 쉽기 때문이다. 철학이 오류를 범할 이러한 위험을
감소시키고 어떤 경우에는 이러한 위험을 실제로 무시해도 좋을
만큼 감소시킨다고 주장하는 것은 정당할 것이다. 반드시 잘못이

생기기 마련인 세계에서는 이 이상의 일은 불가능하고 또한 신중한 철학의 옹호자는 이 이상의 일을 해왔다고 주장하지도 않을 것이다.

15
철학의 가치

철학의 여러 문제에 대해 간단하고 매우 불완전한 개관도 이제 끝에 이르렀으므로 결론적으로 철학의 가치가 무엇이고 왜 철학을 연구해야 하는가를 고찰하는 것이 좋으리라. 과학이나 실제적인 여러 문제의 영향으로 철학은 무해무익(無害無益)한 사소한 구분이나 하고 지식이 불가능한 문제에 대해 왈가왈부하는 것에 지나지 않는 것은 아닐까 의심하는 사람들이 많아졌다는 사실을 생각할 때 이 문제에 대한 고찰은 더욱 필요하다.

철학에 대한 이러한 견해는 한편으로는 삶의 목적에 대한 잘못된 생각 때문에, 또 한편으로는 철학이 획득하려고 하는 재화(財貨)에 대한 잘못된 생각 때문에 생긴 것 같다. 자연과학은 발명을 매개로 함으로써 자연과학을 전혀 모르는 사람에게도 유용하게 활용된다. 그러므로 자연과학의 연구는 오직 또는 일차적으로 연구자에게 미치는 영향 때문이 아니라 오히려 인류 전체에 미치는 영향 때문에 권장된다. 이러한 유용성은 철학에는 없다. 철학 연구가 철학 전공자 외의 다른 사람들에게도 어떤 가치를 갖는다면 그것은 철학을 연구하는 사람들의 생활에 미치는 영향을 통해서 간접적으로만 나타날 것이다. 그러므로 철학의 가치는, 만일 있다고 한다면, 이러한 영향에서 일차적으로 추구되지 않으면 안 된다.

그러나 더 나아가서 만일 철학의 가치를 결정하려는 노력에서 실패하지 않으려고 한다면 우리는 우선 '실제적'인 사람이라고 잘못 일컬어지고 있는 사람들이 갖는 편견으로부터 우리의 정신을 해방해야 한다. 이 말은 흔히 사용되고 있지만, '실제적인' 사람은 오직 물질적 요구만을 인정하는 사람, 인간에게는 신체를 위해 음식이 반드시 필요하다는 것은 알지만 정신을 위한 양식도 마련해야 한다는 것은 잊은 사람이다.

만일 모든 사람이 잘살고 가난과 질병이 최소한으로 감소되더라도 가치 있는 사회를 실현하려면 아직도 해야 할 일이 많이 남아 있을 것이다. 그리고 현존하는 세계에서도 마음의 재화는 적어도 신체의 재화와 마찬가지로 중요하다. 철학의 가치는 오직 마음의 재화에서만 찾아야 한다. 그리고 이러한 재화에 무관심하지 않은 사람들에게만 철학 연구는 시간 낭비가 아니라고 설득할 수 있다.

철학은 다른 모든 학문과 마찬가지로 일차적으로 지식을 목적으로 한다. 철학이 목적으로 하는 지식은 여러 과학에 통일성과 체계를 주는 지식이고, 우리의 확신과 편견과 신념의 근거를 비판적으로 검토함으로써 생기는 지식이다. 그러나 철학이 이러한 문제에 분명한 대답을 하려는 시도에서 대성공을 거두었다고 주장할 수는 없다. 만일 수학자, 광물학자(鑛物學者), 역사학자, 그 밖의 학자에게 그들의 학문에 의해 얼마나 명확한 진리가 확인되었는가를 묻는다면 그들의 대답은 당신이 귀 기울이는 한 계속될 것이다.

그러나 철학자에게 같은 질문을 한다면, 그가 솔직한 사람이었다면 그는 철학은 다른 학문과 달리 적극적인 성과를 달성하지 못했다고 고백하지 않을 수 없을 것이다. 적극적인 성과를 달성하지 못했다는 것은 부분적으로는 다음과 같은 사실에 의해 설명된다는 것이 분명하다. 곧 어떤 주제에 대해 분명한 대답이 가능해지면 이 주제는 철학으로 불리지 않고 개별과학이 되는 것이다. 지금은 천문학에 속하는 천체에 대한 모든 연구는 전에는 철학에 포함되어 있었다.

뉴턴의 위대한 저술의 제목은 '자연철학의 수학적 원리(Philosophiae Naturalis Principa Mathematica)'였다. 마찬가지로 철학의 한 분과였던 인간의 마음에 대한 연구는 이제 철학에서 분리되어 심리학이라는 과학이 되었다. 따라서 철학의 불확실성은 대체로 사실이기보다는 외관상 문제다. 이미 분명한 대답이 가능한 문제들은 과학으로 넘어가고 현재로서는 분명한 대답이 불가능한 것만이 남아 철학이라고 불리는 잔재를 형성하는 것이다.

그러나 이것은 철학의 불확실성에 대한 진상의 일부에 지나지 않는다. 우리가 아는 한, 인간의 지성의 힘이 지금과는 완전히 다른 차원의 것이 되지 않는 이상, 인간의 지성으로는 해결할 수 없는 많은 문제들이 있고, 이러한 문제들 속에는 우리의 정신생활과 가장 관계가 깊은 것도 있다.

우주는 통일된 어떤 계획이나 목적을 갖고 있는가, 또는 원자의 우연한 집합인가? 의식은 지혜의 무한한 성장을 기대하게 하는 우주의 항구적 부분인가, 또는 결국은 생활이 불가능해질 작은 혹성 위에서 일시적으로 생기는 우연한 것에 지나지 않는가? 선과 악은 우주에 대해 중요한 것인가, 또는 인간에게만 중요한 것인가? 철학은 이러한 문제를 풀려고 했고 많은 철학자들은 여러 가지로 대답을 했다.

그러나 이러한 대답이 다른 방식으로 발견되든 발견되지 않든 간에 철학에 의해 제시된 대답은 어느 것이나 참이라는 것이 논증되지는 않는 것 같다. 그러나 대답을 발견할 희망이 아무리 적더라도 이러한 문제를 계속 고찰하고, 이러한 문제의 중요성을 의식하게 하고, 이러한 문제에 대한 모든 접근을 검토하고, 분명히 확인할 수 있는 지식에만 국한함으로써 자칫하면 말살되기 쉬운 우주에 대한 사변적 관심을 생생하게 유지하는 것은 철학 과제의 한 분야다.

철학이 이러한 근본적 문제에 대해 어떤 대답을 하고 그것이 진리임을 확립할 수 있다고 주장한 철학자들이 많았다는 것은 사실이다. 그들은 종교적 신앙에 있어서 가장 중요한 것을 엄밀한 논증에 의해 참이라고 증명할 수 있다고 생각했다. 이러한 시도에 대해 판단하려면 인간의 지식을 개관하고 그 방법과 한계에 대해 어떤 견해를 형성할 필요가 있다. 이러한 주제에 대해 독단적 발언을 하는 것은 현명하지 못할 것이다.

그러나 지금까지 앞의 각 장에서 고찰한 것이 우리를 빗나가게 하지 않는다면 우리는 종교적 신앙에 대한 철학적 증명을 발견하리라는 희망을 포기하지 않을 수 없을 것이다. 그러므로 우리는 이러한 문제에 대한 일련의 분명한 대답을 철학의 가치 가운데 일부로 포함시킬 수는 없다. 따라서 되풀이해서 말한다면 철학의 가치는 철학을 연구하는 사람들이 획득하는, 분명히 확인할 수 있는 지식의 체계에 의존해서는 안 된다.

철학의 가치는 사실상 주로 그 불확실성에서 찾아야 한다. 철학적 소질이 없는 사람은 일평생 상식에서 생겼거나, 연령 또는 국적에 의한 습관적 신념에서 생겼거나, 신중한 이성의 협력 또는 동의가 없이 마음속에서 자라난 확신에서 생긴 편견에 사로잡힌다. 이러한 사람에게는 세계는 명확하고 유한하고 분명하다. 보통의 대상은 문제를 일으키지 않고 익숙지 못한 가능성은 경멸하며 거부한다. 반대로 우리가 철학적 사색을 시작하자마자, 처음 몇 장에서 본 것처럼 아주 일상적인 사물조차도 매우 불완전한 대답밖에 할 수 없는 문제로 되는 것이다.

철학은 스스로 제기한 의심에 대해 확실성을 갖고 무엇이 참된 대답인가를 말할 수는 없더라도 우리의 사고를 확대하고 관습의 전제(專制)에서 해방하는 많은 가능성을 시사할 수 있다. 따라서 한편으로는 사물이 어떠한 것인가 하는 데 대한 우리의 확실성의 느낌을 감소시키면서, 철학은 사물은 어떤 것일 수 있는가 하는 데 대한 우리의 지식을 크게 증대시킨다. 철학은 인간을 자유롭게 하는 회의의 영역에 한 번도 발을 들여놓지 못한 사람들의 약간 거만한 독단론을 제거하고 친숙한 사물을 친숙하지 못한 측면에서 보여줌으로써 우리의 경이감을 생생하게 유지한다.

생각지 못했던 가능성을 보여준다는 유용성은 제쳐놓더라도 철학은 사색하는 대상의 위대함, 이러한 사색에 의해 획득하는, 협소하고 개인적인 목표로부터의 자유 때문에 그 가치 —아마도 가장 중요한 가치 —를 갖는다. 본능적인 사람의 생활은 개인적인 이해 관계의 범위에 국한된다. 가족이나 친구는 포함되겠지만 외부 세계는 그것이 본능적 욕구를 조장하거나 방해하지 않는 한 고려되지 않는다. 이러한 생활은 열광적이고 국한된 것이지만 이에 비교하면 철학적 생활은 평정(平靜)하고 자유롭다.

본능적 관심의 개인적 세계는 작은 세계고 조만간에 우리의 개인적 세계를 파멸시킬 거대하고 강력한 세계의 한가운데에 놓여 있다. 외부 세계 전체를 포함하도록 우리의 관심을 확대할 수 없다면 우리는 마치 적이 탈출을 막고 있어서 결국은 항복이 불가피하다는 것을 알고 있는 포위당한 요새 경비대 같은 상태에 남아 있게 된다. 이러한 생활에는 평화는 없고 완강한 욕망과 무력한 의지의 끊임없는 투쟁이 있을 뿐이다. 우리의 생활이 위대하고 자유로워야 한다면 어떠한 방식으로든 우리는 이러한 감옥과 투쟁에서 탈출해야 한다.

탈출의 한 방법은 철학적 사색에 있다. 철학적 사색은 우주를 두 적대 진영—동지와 적, 우호적인 것과 적대적인 것, 선과 악—으로 가르지 않고 우주 전체를 공평하게 본다. 철학적 사색은 순수할 때는 인간 이외의 나머지 우주가 인간과 동족이라는 것을 증명하려고 하지 않는다. 지식을 획득하면 '자기'가 확대되지만 이러한 확대는 직접 추구되지 않을 때 가장 잘 달성된다. 자기의 확대는 지식에 대한 욕구만이 움직이고 있을 때, 앞질러서 대상이 이러이러한 성격을 가져야 한다고 바라지 않고 대상 속에서 발견되는 성격에 '자기'를 적응하는 연구에 의해 달성된다. 이러한 '자기'의 확대는 '자기'를 그대로 놓아두고 세계는 '자기'와 아주 비슷하기 때문에 이질적인 것을 인정하지 않더라도 세계에 대한 지식이 가능하다는 것을 보여주려고 할 때는 달성되지 않는다.

이것을 증명하려고 하는 요구는 자기주장의 한 형식이고 모든 자기주장과 마찬가지로 이러한 자기주장도 '자기'의 성장—'자기'는 이것을 욕구하고 가능하다는 것을 알고 있다—에 대한 장애물이다. 자기주장은 다른 경우와 마찬가지로 철학적 사변에서도 세계를 자기 자신의 목적을 위한 수단으로 본다. 따라서 자기주장은 세계를 '자기'보다 가치가 적다고 하고 따라서 '자기'는 자신의 재화의 위대함에 한계를 두게 된다. 반대로 사색에서는 우리는 '비아(非我, not-self)'로부터 출발하고 그 위대함을 통해 '자기'의 경계를 확대한다. 우주의 무한성을 통해 이를 사색하는 정신은 어느 정도 무한에 관여한다.

이러한 이유로 보아 우주를 인간에 동화시키려는 철학은 영혼의 위대함을 육성하지 못한다. 지식은 '자기'와 '비아'를 통일하는 한 형식이다. 모든 통일과 마찬가지로 '자기'와 '비아'의 통일은 한쪽이 지배하면 손상되며 따라서 우주를 우리 자신에게서 발견하는 것에 억지로 일치시키려고 하면 손상된다. '인간'은 만물의 척도(尺度)이고, 진리는 인간이 만든 것이며, 공간과 시간과 보편의 세계는 정신의 성질이고 정신에 의해 창조된 것이 없다면 그것은 알 수 없고 무의미하다고 하는 견해를 보이는 철학적 경향이 널리 퍼지고 있다.

만일 지금까지의 우리의 검토가 옳다면 이러한 견해는 옳지 않다. 옳지 않을 뿐 아니라 이러한 견해는 철학적 사색으로부터 가치 있는 모든 것을 박탈하는 결과를 초래한다. 이러한 견해는 사색을 '자기'에 속박해두기 때문이다. 이 견해에서 지식이라고 말하는 것은 '비아'와의 통일이 아니라 우리와 우리를 넘어선 세계 사이에 투시할 수 없는 베일을 치는 일련의 편견, 습관 및 욕망이다. 이러한 인식론에서 즐거움을 찾아내는 사람은 그의 말이 법이 아닌 것을 두려워해서 집 밖으로 결코 나가지 않는 사람과 같다.

반대로 참된 철학적 사색은 '비아'의 모든 확대에서, 사색되는 대상을 위대하게 하고 따라서 사색하는 주체를 위대하게 하는 모든 것에서 만족을 느낀다. 사색에서는 개인적 또는 사적(私的)인 모든 것, 습관이나 사리사욕이나 욕망에 의존하는 모든 것은 대상을 왜곡하고 따라서 지성이 추구하는 통일을 손상한다. 이처럼 주체와 객체 사이에 장벽을 둠으로써 이러한 개인적인 것 및 사적인 것은 지성에 대해 감옥이 된다.

자유로운 지성은 신이 사물을 보듯이 **여기**와 **지금**이 없이, 희망도 공포도 없이 습관적 신념이나 전통적 편견에 사로잡히지 않고 평정하고 냉철하게 오직 지식 —인간에게 가능한 한 비개인적이고 순수하게 사색적인 지식 —을 추구하면서 사물을 볼 것이다. 따라서 자유로운 지성은 감관에 의해 알려지는 지식보다는 개인적 역사의 우연이 섞이지 않은 추상적이고 보편적인 지식을 더 높이 평가할 것이다. 그런데 감관에 의해 알려지는 지식은, 이러한 지식이 그렇지 않을 수 없는 것처럼 배타적이고 개인적인 관점과 그 감각기관이 나타내는 모든 것을 왜곡하는 신체에 의존한다.

철학적 사색의 자유와 공평성에 익숙한 정신은 행위와 감정의 세계에서도 동일한 자유와 공평성을 유지하려고 할 것이다. 이러한 정신은 그 목적과 욕망을 고집 없이 전체의 한 부분으로 볼 것이고, 이러한 정신은 그 목적과 욕구를 그 밖의 모든 것이 어떠한 인간의 행위에 의해서도 영향을 받지 않는 세계의 극미(極微)한 단편이라고 봄으로써 생기는 것이다.

사색에 있어서 진리에 대한 순수한 욕구가 되는 공평성은 행위에 있어서는 정의가 되고 감정에 있어서는 보편적인 사랑, 곧 이용할 만하다거나 찬양할 만하다고 판단되는 사람들만이 아니라 모든 사람에게 줄 수 있는 사랑이 되는 것과 동일한 정신의 성질이다. 따라서 사색은 사고의 대상을 확대할 뿐 아니라 행위와 감정의 대상도 확대한다. 사색은 우리를 다른 모든 도시와 싸우고 있는 성벽으로 둘러싸인 한 도시의 시민일 뿐 아니라 우주의 시민이 되게 한다. 인간의 참된 자유도, 또한 협소한 희망과 공포의 노예 상태로부터의 해방도 이처럼 우주의 시민이 되는 데 있다.

그러면 철학의 가치에 대한 논의를 요약하기로 하자. 철학은 그 문제에 대한 확정적 대답을 위해 연구해서는 안 된다. 일반적으로 확정된 대답은 참이라는 것을 알 수 없기 때문이다. 오히려 철학은 문제 그 자체를 위해서 연구해야 한다. 이러한 문제는 가능한 것에 대한 우리의 생각을 확대하고, 우리의 지적 상상력을 풍요롭게 하고, 사변에 대해 마음의 문을 닫게 하는 독단적 확신을 감소시키기 때문이다. 그러나 무엇보다도 철학이 사색하는 우주의 위대함으로 말미암아 정신도 위대해지고 우주와의 합일도 가능해지기 때문이다. 이러한 합일이야말로 정신의 최고선(最高善)이다.

■ 문헌 노트

　철학의 기본적 지식을 얻으려는 사람은 입문서에서 전반적 개관을 얻으려 하기보다는 위대한 철학자들의 저술 몇 가지를 읽는 편이 더욱 쉽고 유익한 방법임을 알게 될 것이다. 다음 저술은 특히 권할 만하다.

- 플라톤, 《국가(Republic)》, 특히 제6권 및 제7권
- 데카르트, 《성찰(Meditations)》
- 스피노자, 《윤리학(Ethics)》
- 라이프니츠, 《단자론(The Monadology)》
- 버클리, 《회의론자와 무신론자에 반대하여 하일라스와 필로누스 사이에 교환된 세 가지 대화(Three Dialogues between Hylas and Philonous, in Opposition to Sceptics and Atheists)》
- 흄, 《인간 오성(悟性)에 관한 연구(Enquiry concerning Human Understanding)》
- 칸트, 《모든 미래의 형이상학을 위한 서설(Prolegomena to Any Future Metaphysics)》

이 책은 버트런드 러셀의 《철학의 문제들(The Problems of Philosophy)》을 완역한 것이다. 그러나 우리나라에서는 원명보다도 '철학(哲學)이란 무엇인가'라는 제목이 더 널리 알려져 있으므로 이 제목을 사용하기로 한다. 이 책은 철학, 특히 철학의 한 분과인 인식론에 대한 매우 흥미 있고 요령 있는 입문서일 뿐 아니라 러셀의 철학적 관점에 대한 입문서이기도 하다(물론 그 후 러셀의 관점에는 여러 가지 변화가 있었지만). 이 책이 세계 각국어로 번역되어 지금까지 널리 읽히고 있다는 사실은 이 책의 가치를 웅변으로 설명하고 있으므로 이 책에 대해 더는 자세한 설명이 필요하지 않을 것으로 본다.

본문 중에서 볼드체로 나타낸 것은 원서에서는 이탤릭체로 되어 있는 것이고, ' '로 나타낸 것은 원서에 " "로 되어 있거나 대문자로 쓰인 것이다.

옮긴이 **황문수**

고려대 철학과와 동 대학원을 졸업하고
고려대, 한양대 강사와 경희대 문리대 철학과 교수를 지냈다.
저서로 《실존과 이성》, 《고균 김옥균》, 《동학운동의 이해》 등이 있고,
역서로는 플라톤의 《소크라테스의 변명》,
니체의 《차라투스트라는 이렇게 말했다》, 카를 야스퍼스의 《이성과 실존》,
윌리엄 드레이의 《역사철학》, 프리츠 하이네만의 《실존철학》,
F. 파펜하임의 《현대인의 소외》, 윌 듀랜트의 《철학 이야기》,
에리히 프롬의 《사랑의 기술》, 《인간의 마음》,
H. 스튜어트 휴즈의 《의식과 사회》 등이 있다.

철학이란 무엇인가

원제 : 철학의 문제들

1판 1쇄 발행 1977년 3월 30일
4판 재쇄 발행 2023년 12월 1일

지은이 버트런드 러셀 | 옮긴이 황문수
펴낸곳 (주)문예출판사 | 펴낸이 전준배
출판등록 2004. 02. 12. 제 2013-000360호 (1966. 12. 2. 제 1-134호)
주소 04001 서울시 마포구 월드컵북로 21
전화 393-5681 | 팩스 393-5685
홈페이지 www.moonye.com | 블로그 blog.naver.com/imoonye
페이스북 www.facebook.com/moonyepublishing | 이메일 info@moonye.com

ISBN 978-89-310-0586-8 93100

• 잘못 만든 책은 구입하신 서점에서 바꿔드립니다.

❀문예출판사® 상표등록 제 40-0833187호, 제 41-0200044호